Manfried Fischer
Den Wind in der Hand

»Den Wind in der Hand« Mein Leben unter Segeln

Seemanntische Erzählungen eines verhinderten Seemanns

von

Manfried Fischer

Re Di Roma-Verlag

Bibliografische Information der Deutschen Nationalbibliothek:
Die Deutsche Nationalbibliothek verzeichnet diese Publikation in der Deutschen Nationalbibliografie; detaillierte bibliografische Daten sind im Internet über http://dnb.ddb.de abrufbar.

ISBN 978-3-86870-346-7

Umschlagillustration:
Eberhard Sander

www.rediroma-verlag.de
12,95 Euro (D)

Für alle Freunde des Segelns:
die es sind und
die es werden wollen.

Inhaltsverzeichnis

Vorwort:

Einladung an die Leser

Als ich mich daran machte, die Erinnerungen an mein Seglerleben zu Papier zu bringen, sah ich das recht arglos als eine ziemlich einfache Aufgabe an: aus einer großen Fülle von selbst erlebten Geschichten eine bunte Mischung zusammenzutragen, die es lediglich einigermaßen amüsant und spannend zu schildern gälte. Tatsächlich ist eine Erstfassung meiner Geschichten vom Leben auf dem Wasser nur für die Familie und den Freundeskreis geschrieben, also den vielen, die im Laufe von etwa vierzig Jahren mit uns gesegelt sind. Doch im Laufe des Schreibens entwickelte sich dieses Vorhaben immer mehr zu einer Dimension, die langsam in die Nähe eines ambitionierten Lebenswerks von einem dem Leben auf dem Wasser verfallenen Enthusiasten kommen sollte. Und jetzt, da ein großer Teil des von mir als erzählenswert Erachteten bereits geschrieben ist, entdecke ich, dass meine Segelgeschichten auch über den erstgenannten Leserkreis hinaus interessant sein könnten, und ich beginne, mich nun auch mit diesen potenziellen Lesern zu beschäftigen; zugegeben etwas spät, aber sicher besser als gar nicht. Und ich meine, ein Leser hat unbedingt einen Anspruch darauf, wenigstens in groben Zügen vorher zu wissen, worauf er sich einlässt.

Meine Geschichten sind Seemannsgeschichten, soweit eine Landratte, die nur gelegentlich segelt, sich überhaupt als Seemann bezeichnen darf. Nach meiner Überzeugung ist Segeln eine der schönsten Nebensachen der Welt, noch weit vor dem Volkssport, von dem das üblicherweise behauptet wird. Und vor allem: Es ist letztlich ein Erlebnis der Seele, man kann es eigentlich nur erleben, aber nur sehr schwer verbal vermitteln. Dichterischen Tiefgang wird der Leser bei meinen Geschichten allenfalls ansatzweise finden; ich schätze mich schon glücklich, wenn es mir gelingt, wenigstens zwischen den Zeilen etwas von der Faszination dieser hohen Kunst »rüber« zu bringen. Andererseits bin ich aber auch nicht Seemann genug, so richtiges Seemannsgarn zu spinnen. Mein Garn kommt eher schlicht und ohne allzu viele Fachausdrücke daher; falls doch, gebe ich mir Mühe, sie auch für den Laien verständlich zu erklären.

Damit bin ich bei mehreren Problemen, die sich mit den kleinen Wörtern *ich, du, er/sie und wir* am kürzesten umschreiben lassen. Und da die moderne Psychologie die These vertritt, dass es für die menschliche Kommunikation förderlich ist, seine Probleme offen auf den Tisch zu legen, will ich das gleich am Anfang tun.

Das *Ich* ist mir dabei besonders peinlich, denn da ich ausschließlich selbst Erlebtes erzählen werde, ist die Ich-Form zwangsläufig vorgegeben und lässt sich nur mit viel Krampf umgehen. Umso mehr bitte ich den Leser schon jetzt deswegen um Nachsicht.

Das *Er/Sie* ist ein geschlechtsspezifisches Problem.

Ich weiß wohl, dass ich nach dem inzwischen stillschweigend als verbindlich anerkanntem Kodex eigentlich *Liebe Leserin, lieber Leser* schreiben müsste, oder noch schlimmer: *Liebe LeserInnen.* Wenn ich mich dieser neuen und in meinen Augen scheußlichen Kompromissformel zu entziehen wage, so deshalb, weil mir die Trennung nach männlich und weiblich dann als verzichtbar erscheint, wenn es von der Sache her nicht erforderlich ist, da die höherrangige Bezeichnung und Ansprache *Mensch* ja beides einschließt. Dies zu erwähnen scheint mir um so wichtiger, als es bei der Seefahrt nur einen See**mann**, aber keine See**frau** gibt; wenn eine solche auftaucht, bringt sie nach alter Seefahrertradition sogar Unglück an Bord. Geduldet, ja sogar erwünscht ist allenfalls das Auftauchen einer Seejungfrau, der freilich ein Fischschwanz angedichtet ist und die dementsprechend auch etwas tranig riecht. Als Fischer verstehe ich ein bisschen etwas davon; außerdem will es mein Sternzeichen, dass ich Jungfrauen seit jeher besonders zugewandt bin.

Doch im Ernst: Meine Auslassung zum Thema *er/sie* mag vielleicht besser verständlich werden, wenn ich es an einem etwas schockierenden Erlebnis festmache, das ich als Angehöriger eines großen, lange Zeit sehr angesehenen Wirtschaftsunternehmens hatte. Bei einer feuchtfröhlichen Geburtstagsfeier eines Vorstandsmitglieds, heute würde man wohl Alphatier sagen, bekannte ich im Kreis von Vorstandssekretärinnen etwas arglos, eigentlich lieber eine Frau geworden zu sein mit der mitgelieferten Begründung, dass ich die Frau um ihre größere Nähe zum Wesen und Ursprung des Lebens beneidete. Wenn ich sage, dass ich damals, noch dazu als aussichtsreiche Führungsnachwuchskraft, mit dieser Äußerung blankes Entsetzen hervorrief, so ist das kaum übertrieben.

Das *Du* scheint mir in erster Linie ein Altersproblem zu sein. Obwohl ich ein junger Autor bin, da ich mich erst seit einigen Jahren dem Schreiben hingegeben habe, bin ich doch ein Mensch, der nach der biblischen Meinung des Psalmisten schon der von ihm genannten Obergrenze des menschlichen Daseins von achtzig Jahren zustrebt. *(Psalm 90).*

In meinem Leben fiel es mir meist schwer, einem anderen Menschen das Du anzubieten, es war, abgesehen von der Kinderzeit, einfach unüblich; ich kannte noch Kinder, die ihre Eltern gar in der dritten Person anreden mussten. Doch meine ich, dass ein autobiografischer Lebensbericht ein hohes Maß an Vertraulichkeit voraussetzen oder zumindest, ungeachtet der Einbahnstraßen-Situation, doch schaffen sollte. Ich hoffe dich, lieber Leser, damit einverstanden, wenn ich mich entschlossen habe, dich mit *du* anzureden, was übrigens auch an Bord einer Yacht eine allgemein übliche Gepflogenheit ist.

Damit bin ich beim letzten Stichwort, dem *Wir,* das ich allerdings nicht als ein Problem, sondern eher als Problemlösung verstehe. Ich verstehe es im Sinn einer Einladung an dich, mit mir unser

Boot zu besteigen, das uns beiden die Reise zu fernen Inseln ermöglicht, und wünsche mir, dass ich dir bei unserer Fahrt viel Neues und Schönes zeigen kann.

Zu dem Boot gehört auch meine Bo(o)tschaft; sie heißt: *Freude am Leben* und *Dankbarkeit für seine Geschenke.*

Ich würde mich freuen, wenn es mir gelänge, mit dir mit meinem kleinen Epos vom Leben auf dem Wasser die Freude an eben diesem Leben zu teilen.

Noch einen weiteren Hinweis glaube ich dir schuldig zu sein.

Das Wort »seemanntisch« dürfte im Duden nicht zu finden sein, wenngleich seine Bedeutung wohl keiner weiteren Erklärung bedarf. Aber nicht jedem wird sogleich die Doppelbedeutung des Wortes zum Bewusstsein kommen, die, freilich anders geschrieben, in Semantik steckt, welche sich erstens mit der Bedeutung von sprachlichen Zeichen und Zeichenfolgen und zweitens auch mit der Bedeutung bzw. Inhalten eines Wortes, Satzes oder Textes befasst (zitiert nach dem Fremdwörter-Duden, Juli 2001). Dieses Teilgebiet der Linguistik, zu dem ich auch noch die Sprachschöpfung rechne, betreibe ich seit längerer Zeit als eines meiner Hobbys; ich möchte deshalb um Nachsicht bitten, wenn dir in meinen Texten das eine oder andere Wort unterkommt, das es so gar nicht gibt. Ich gehe aber davon aus, dass es trotzdem in aller Regel »selbsterklärend« und damit verständlich ist.

Und nun: »Mast- und Schotbruch«, was bei Seglern so viel heißt wie »Hals und Beinbruch« und darüber hinaus: viel Vergnügen!

Bernried am Starnberger-See, im Mai 2011.

1.Kapitel

»Paradies Steinebach«

Kindheit am See

Da die Paradies-Geschichte mit Adam und Eva allgemein und hinreichend bekannt ist, bitte ich dich um Nachsicht, wenn ich mit meiner Paradies-Geschichte einige Jahrtausende später beginne, und zwar mit dem Jahr 1936, in dem meine Eltern den Grundstein legten für »unser Paradies« durch den Kauf eines Grundstücks am Wörthsee, eines beliebten Badesees in der Nähe von München. Ich war damals noch nicht einmal zwei Jahre alt, trotzdem aber die eigentlich treibende Kraft, auch wenn ich davon damals noch nicht viel wusste.

Allerdings gebührt meiner Schwester Anneliese, die vierzehn Jahre und neun Monate älter war als ich, der Vorrang, der unmittelbare Anlass für den Kauf dieses Seegrundstücks gewesen zu sein.

Da ich naturgemäß an die damaligen Ereignisse keine eigenen Erinnerungen habe, muss ich auf die Erzählungen meiner Eltern zurückgreifen, die mir auch noch gut in den Ohren klingen, da sie vor allem von meiner Mutter immer wieder aufgetischt wurden, wenn Gäste nach der Entstehungsgeschichte unseres Paradieses fragten; und das geschah häufig. Und da meine Mutter eine Vorliebe für dramatische Geschichten hatte, wurde der zugrunde liegende Vorfall, wenn es denn überhaupt einen gegeben hat, mit jeder Wiederholung etwas weiter aufgebauscht. Nachzuvollziehen ist jedenfalls, dass es auch schon damals schwierig gewesen sein muss, ein Plätzchen an einem See zu finden, wo man einigermaßen ungestört baden konnte. Und da die damaligen Ansichten über Zucht und Sitte zweifellos noch sehr streng waren und von meinen Eltern auch so gehandhabt wurden, liegt die Vermutung nahe, dass meine Mutter bei der Durchsetzung ihrer Wünsche gegenüber ihrem Mann die sittliche Gefahr für meiner Schwester recht wirkungsvoll zur Geltung gebracht hat. Mein Vater berichtet in seinen Lebenserinnerungen in für ihn ungewöhnlich scharfer Formulierung, dass es ihr durch massiven Druck gelungen sei, die abgesprochene Prioritätenfolge in ihrer Lebensplanung zu verändern. Diese sah vor, dass nach langen Jahren in verschiedenen Miet-Wohnungen und mit einer ganzen Reihe von meist unfreiwilligen Umzügen Schluss sein und ein eigenes Haus, möglichst am Stadtrand von München, gesucht und gekauft werden sollte. Alles andere musste dahinter zurücktreten.

Sie selbst hat die Szene, die sich zwischen den sonst so harmonisch agierenden Eltern damals abgespielt hat, bei späteren Erzählungen dann eindrucksvoll wiedergegeben: wie sie sich mit erhobenen Händen – später wurden daraus sogar erhobene Fäuste – vor ihren »Männe« hingestellt und ihn mit etwa folgenden Worten an seiner Ehre gepackt hat:

»Bist du denn nicht in der Lage, für deine Kinder wenigstens ein ganz kleines Grundstück an einem See anzuschaffen, wo Anneliese ungefährdet baden kann?!«

Heute bin ich fest davon überzeugt, dass der ganze Theaterdonner weitgehend inszeniert, oder sagen wir: überinszeniert war, denn an meiner Mutter ist nach meiner Einschätzung durchaus eine bedeutende Schauspielerin verloren gegangen. Wenn sie sich einmal in einer entsprechenden dramatischen Rolle aufgebaut hatte, war jedenfalls mit noch so guten Argumenten nicht mehr viel zu retten. Das galt übrigens generell, nicht nur für meinen Vater!

Faktum ist, dass er sich umstimmen ließ und dass daraus die Geburtsstunde für unser Grundstück am See und das folgerichtig nach meiner Mutter benannte »Haus Hanna« wurde. Dass dies für die ganze Familie, einschließlich der vier Enkel, für 36 Jahre zu einem echten, von allen geliebten Paradies werden würde, haben meine Eltern auch wohl selbst damals nicht erwartet.

Dass ich dabei der große Gewinner sein würde und nicht meine Schwester Anneliese, um die es ja zunächst gegangen war, steht auf einem anderen Blatt der Geschichte: ihr früher Tod durch eine amerikanische Fliegerbombe im Juli 1944, den meine Mutter über eine Entfernung von ca. 30 Kilometer hinweg augenblicklich in ihrem Herzen gespürt hat. Ich weiß noch, wie sie sich bei einer der letzten Detonationen, die sich akustisch vom Zentrum des Geschehens über München deutlich in Richtung Süden unterscheiden ließ, ans Herz griff und sagte: »O Gott, das war in Solln!«, wo meine Schwester tatsächlich genau zu diesem Zeitpunkt, zu dem wir oben am Weg stehend den Angriff auf München beobachteten, zu Tode kam.

Zur Entstehungsgeschichte sind noch einige Fakten nachzutragen.

Aus dem Dokument des Notariats München X vom 23.7.1935 geht hervor, dass mein Vater das unbebaute Hanggrundstück, eine Wiese von 0,043 ha, von einem Münchner Ärzteehepaar Heubach gekauft hat, mit »einer kleinen Holzhütte und Tisch und Bank am Aussichtsplatz«. Der Kaufpreis betrug 1250 Reichsmark.

Der Urkunde liegt ein Beschluss des Bezirksamts Starnberg bei, in dem folgende Auflagen festgeschrieben sind:

> *Das Grundstück darf nur mit einem ebenerdigen Häuschen in der Weise bebaut werden, dass der Dachfirst nicht über den Fahrweg am oberen Rand des Hangs ragt.*

Des Weiteren existiert noch der erste Bauplan für das »Wochenendhäuschen«, den das Zimmereigeschäft Otto Scheidl in Steinebach angefertigt hat. Laut Beschluss des Bezirksamts Starnberg ist neben anderen Vorschriften festgelegt, *dass grelle Farben des Holzwerks, der Läden und des Daches zu vermeiden sind und dass kein Abwasser in den See eingeleitet werden darf.* Statt einer Unterschrift: *Heil Hitler …*

Tatsächlich ist zunächst ein kleines, eingeschossiges Holzhäuschen entstanden, für das allerdings die Bezeichnung »Badehütte« schon eine regelrechte Beleidigung dargestellt hätte. Meine Eltern entschlossen sich zu einer reichlich kühnen Bauweise: Das Häuschen sollte in der Mitte des steilen Hangs thronen, etwa zwölf Meter über Seehöhe, damit man den See auch richtig überblicken könne, soweit es die mit Bäumen bestandenen Nachbargrundstücke überhaupt zuließen. Das bedeutete, dass der Hang etwa in der halben Höhe abgegraben werden musste, damit die notwendige Grundfläche von ca. fünf mal fünf Meter, dazu noch eine kleine mit Solnhofer Platten belegte Terrasse auf gewachsenem Boden geschaffen werden konnte; die vorgelagerte Veranda wurde dagegen durch ein Steinmäuerchen abgestützt. Der untere Teil des Hanges wurde nach Art der Weinbergsgärten durch Faschinen vor dem Abrutschen gesichert – von diesem Metier verstand meine Mutter als schwäbische »Wengerter-Tochter« mit Sicherheit mehr als die Steinebacher Handwerker. Allerdings sollte diese kühne Anlage später ein gewaltiges Drama heraufbeschwören, als in den ersten Nachkriegsjahren unser Häuschen beschlagnahmt und einem Flüchtling zugewiesen wurde. Dieser funktionierte das Grundstück zu einer Hühnerfarm um; die Hühner zeigten aber gegenüber ihrem Freigehege nur wenig Respekt und brachten die ganze Angelegenheit ins Rutschen. Meine Eltern mussten 1951, als wir unser Eigentum wieder nach Einschaltung der Gerichte zurückerhielten, viel Geld hineinstecken, um den Hang wieder neu zu verankern und zu befestigen. Geblieben aber ist doch eine leichte Schräglage, die mich jahrelang zu wilden Träumen anregte, in denen das ganze Haus den Hang hinunterzustürzen drohte, was ich mit allen Kräften zu verhindern suchte.

Nun, das »Haus Hanna« war tatsächlich ein kleines Schmuckstück geworden; das dunkelbraun gestrichene Holz kontrastierte gut mit den knallgelben Läden, die allerdings nach den Bauvorschriften eigentlich nicht erlaubt waren, aber meines Wissens nie beanstandet wurden. Viele Besucher meinten, es sei das hübscheste Haus am ganzen Ostufer des Wörthsees. Allerdings war es schon von Anfang an zu klein. Im zweiten Jahr wurde deshalb noch ein halbes Stockwerk eingefügt und so im Dachgeschoss ein größeres Schlafzimmer und eine Kammer dazugewonnen. Trotzdem ragte der Giebel nur wenig über die Wegkante hinaus, zumindest konnte das Wenige durch die Anpflanzung einer Fichtenhecke außerhalb des oberen Holzzauns recht gut kaschiert werden. Immerhin mussten die Eltern dem Bauern Aumiller, dem die Felder jenseits des Weges gehörten, noch einen Streifen von fünf Metern abkaufen, was natürlich noch zu den Anschaffungskosten dazuzurechnen ist. So ganz ging der Kauf also doch nicht mit dem sprichwörtlichen »für nen Appel und ein Ei« ab.

Dann gab es da auch noch das Garagenproblem. Wohl duldete der Bauer, dass mein Vater seinen Wagen in dem Einfahrtsweg zu seinen Feldern abstellte, aber lange ging das nicht gut, um so mehr, als die »Besücher« ja auch ihr Gefährt irgendwo abstellen wollten.

Wieder war es meine Mutter, die Platz schaffte, wo keiner war. Nachdem ohnehin nach dem Abenteuer mit der Hühnerfarm auch die Befestigung des oberen Hangstücks neu gemacht werden musste, ließ sie in die gut zwei Meter hohe Stützmauer gleich noch ein paar Träger für einen »Carpot«, wie man das heute nennen würde, einziehen, sodass eine Freiluftgarage oberhalb des Hausdaches entstand. Dieser Platz eignete sich übrigens auch für so manches Frühstück in der Sonne, denn morgens lagen Haus und Terrasse im Schatten des Ost-Hangs.

Schließlich ist von den verschiedenen Umbaumaßnahmen noch zu erwähnen, dass sich auch noch eine Lösung für das Toilettenproblem fand, das bei voll belegtem Haus zwangsläufig jeden Morgen entstand. Zwar konnte statt des nicht vorhandenen Bades im Haus auch ein Bad im See herhalten, was, verbunden mit entsprechendem Morgensport auf dem Steg, für besonders Abgehärtete auch bei schlechtem Wetter dankbar angenommen wurde. Aber deshalb war dem »Anstehen« vor der einzigen Toilette noch nicht abgeholfen. Meine Mutter zitierte also wieder einmal den Meister Scheidl, der das Haus entworfen hatte, herbei und eröffnete ihm, dass er nun noch einmal sein »Meisterstück« abzuliefern hätte, indem er durch den Einbau einer Dachgaube an der Nordseite des Hauses eben auch noch ein zweites Klo herzaubern müsse. Und er hat tatsächlich sein Meisterstück erfolgreich abgeliefert.

Freilich möchte ich nicht verschweigen, dass die Lösung dieses Problems gleich wieder ein neues heraufbeschwor: Die Versitzgrube hinter dem Haus konnte die Überbleibsel des immer fröhlichen und nicht zu knappen Essens und Trinkens, das zur Gastfreundschaft des »Hauses Hanna« untrennbar dazugehörte, nicht verkraften und lief nach einem Besuchs-Wochenende – und es gab im Sommer eigentlich nur solche – recht ungeniert über. Es blieb mir als Gastgeber oft nichts anderes übrig, als noch in der Nacht oder in der Morgenfrühe mit Hilfe eines Schlauchs und dem Einsatz eines alten Staubsaugers einen Teil der Überfülle an die im unteren Teil des Gartens gepflanzten Johannesbeersträucher abzuleiten, was recht unparadiesische Gerüche nach sich zog. Doch diese Umweltsünde beichte ich erst hiermit, nachdem das Problem mit dem Verkauf des Paradieses längst für uns erledigt ist.

Ein Paradies zu besitzen ist das eine, es zu erreichen ist ein anderes.

Der Wörthsee hat eine Länge von etwa vier Kilometern. Steinebach liegt am Nordende, unser Haus ziemlich genau in der Mitte des Ostufers. Der Bahnhof Steinebach ist vom See auch noch einmal einen Kilometer entfernt. In Summe sind es gut und gern drei Kilometer bis zum Bahnhof, also fast eine Dreiviertelstunde zu Fuß. In den Jahren vor dem Krieg war das aber kein echtes Problem, denn dank Vaters schickem BMW war Zug-Fahren ein für mich weitgehend unbekanntes Abenteuer. Als dann aber der Vater von Kriegsbeginn an eingezogen war, meine Mutter und ich aber meistens Monate lang in Steinebach wohnten, lernten wir den Weg zum Bahnhof besser kennen, als uns lieb war. Meine Mutter hat Zeit ihres Lebens nicht Autofahren gelernt; abgesehen davon: Es wäre auch kein Auto da gewesen, denn alle Räder mussten ja *»rollen für den Sieg«*. Da half dann nur das Fahrradfahren, das meine Mutter allerdings auch erst lernen musste. Mein Vater hat es sich übrigens erst in den Nachkriegsjahren beigebracht, sehr zum Ergötzen meiner Mutter, die ihn recht uncharmant auslachte, wenn er wieder einmal in einen Graben gefahren war oder sich mühsam nach einem Sturz in ein Getreidefeld hochrappeln musste.

Abgesehen von diesen Schwierigkeiten gab es aber noch ein anderes Problem, nämlich das »Haus Hanna« überhaupt zu finden.

Zwar könnte man meinen, an einem See könne es doch nicht so schwer sein, ein Haus in der Mitte seines Ufers zu finden. Und vom See aus gesehen ist das natürlich auch so. Aber den See bekommt man bei der Anfahrt überhaupt nicht zu Gesicht, bis man schließlich am höchsten Punkt der Uferhöhe vor oder richtiger gesagt, über unserem Haus angelangt ist. Dann erst liegt die ganze Herrlichkeit vor einem, eben unser Paradies, und die Seele macht einen Sprung, wenn ich meine Gefühle einmal so beschreiben darf.

Bei einer etwas weitergehenden Analyse über die Besonderheit der Lage fällt ins Auge, dass unser Grundstück nur drei echte Grenzen und damit auch Zäune hatte, sich aber auf der vierten, also der See-Seite sozusagen bis ins Unendliche ausdehnte, gewissermaßen als Einladung zum Heraustreten aus der Enge des Umzäunten und damit zur Inbesitznahme der ganzen Welt. Hat das vielleicht auch unbewusst zu einer offeneren Lebenseinstellung bei uns beigetragen und uns Mut gemacht, später noch viel weiter von dem Versprechen der Grenzenlosigkeit Gebrauch zu machen? Ich bin überzeugt davon, dass unser Steinebach tatsächlich unser Bewusstsein in diesem Sinn erweitert hat…

Was eigentlich ist ein Paradies? Es ist, so glaube ich wenigstens, vor allem ein Gefühl, das Gefühl, daheim zu sein, am Ort seiner

Erfüllung, dort, wo man bleiben möchte, weil alles da ist, was man möchte, was einem wichtig ist.

Da sind die Schwäne, die vielleicht gerade majestätisch am Seeufer vorbeiziehen, während man die Treppen hinuntergeht, sicher nur ein kleines »sur-plus«, aber vielleicht auch ein Symbol: für stille und heitere Schönheit, für die Ursprünglichkeit einer noch intakten Natur: der See, in dem sich die Wolken spiegeln als Sinnbild des unzerstörten und unzerstörbaren Bilds der Schöpfung, wie sie am ersten Tage war – so hatten meine Eltern mich das zu sehen gelehrt und so nahm ich es immer wieder beglückt in mich auf.

Eine große Rolle spielte dabei sicher, auch wenn man es vielleicht erst gar nicht so richtig bemerkte, dass man plötzlich in eine Oase der Stille eingetaucht war. Motorboote gab es keine und von Autos befahrene Straßen um den See herum waren auch nicht vorhanden. Alle Hektik der Stadt und des Verkehrs war also plötzlich wie weggewischt, nur die Stimmen der Natur waren zu hören, in ungewohnter Klarheit. Wenn etwa im Frühjahr auch noch der Kuckuck rief, füllte sich mein Herz mit Freude und Glück, und das Paradies war greifbar nahe.

Ich weiß natürlich, dass dieses Bild sehr idealisiert ist und dass es auch Tage gab, wo man so schnell wie möglich die achtzehn Stufen im Regen und Sturm hinunter eilte zum schützenden Haus. Aber auch dann stellte sich dieses Gefühl des »daheim Angekommenseins« ein, wenn man die gelben Doppelläden mit den ausgesägten Herzen öffnete und, nachdem man den Kachelofen in Gang gesetzt hatte, eine Weile das Schauspiel der Natur in sich einströmen ließ.

Natürlich war es vor allem der See, ganz gleich, ob er unberührt wie ein Himmelsspiegel da lag oder ob er sich aufgewühlt präsentierte – nie wurde ich müde, ihn zu beobachten. Ganz klar, dass ich, wie meine Mutter in ihrem Tagebuch schreibt, schon sehr bald die verschiedenen Bootsarten unterscheiden konnte, sie waren fast ebenso wichtig für mich Dreijährigen wie das Auto, das ich als erstes Wort nach Mama und Papa sprechen konnte. Es war der

Beginn einer lebenslangen Beziehung zum Wasser und zu allem, womit man sich darauf bewegen kann; ja, letztlich hat sie sich bis in die Berufswahl unseres Sohnes Stephan ausgewirkt, der einige Jahrzehnte später Bootsbauer geworden ist.

Schon von Anfang an hatte mein Vater zu dem Haus auch noch eine Bootshütte und einen Kahn angeschafft, ein aus Eichenholz geklinkertes Ruderboot der Schiffswerft Steinlechner am Ammersee, mit zwei Ruderbänken und einem Gaffel-getakelten Luggersegel, das auch noch unseren Kindern als Piratenschiff diente, als ich selbst längst eine schmucke Olympia-Jolle auf dem heimatlichen wie auch auf fremden Revieren in zahlreichen Regatten segelte. Der Kahn war nach meiner Schwester benannt, die damals gerade einen Kurs für Laienhelferinnen beim Roten Kreuz absolviert hatte; es hieß danach *»Laia«*.

Und wo ein Boot ist, da gehört selbstverständlich auch ein Steg dazu, um trockenen Fußes elegant ein- und aussteigen zu können. Darüber hinaus ist ein Steg die Brücke zum Wasser, ja sozusagen schon eine Form der Inbesitznahme des Wassers; er war deshalb einer der bevorzugten Aufenthaltsorte der an Wochenenden in hellen Scharen anrückenden Freunde und Gäste. Nicht selten gab es tatsächlich Anlass, um seine Stabilität angesichts der Vielzahl der ihn okkupierenden Menschen zu fürchten.

Entsprechend der Beschaffenheit des Ufers, das erst sehr gemächlich zu größerer Tiefe abfällt, war unser Steg einer der längsten am Ostufer, ich schätze so aus der Erinnerung gut und gerne 18 bis 20 Meter, und es war eine Heidenarbeit, ihn im Frühjahr und Herbst auf- bzw. wieder abzubauen; ein Herkules war ich ja nie, aber bei dieser Arbeit kam ich mir oft so vor. Dazu gab es meist nur eine Wassertemperatur von um die zehn Grad, da musste die Sonne schon recht kräftig scheinen am 1. Mai, dem »Tag der Arbeit«, an dem in der Regel der Stegbau stattfand.

Die Beschreibung unseres Paradieses wäre aber unvollständig, wenn sie nicht auch die weitere Gegend umfasste.

Zur Gegend zählt natürlich in erster Linie der See, und im See wiederum die Insel, nach der er ja seinen Namen hat, denn Wörth wie auch das verwandte Werder heißt ja in vielen deutschen Landen »Insel«. Der Name dieser Insel wird auf der Landkarte übrigens mit »Mausinsel« angegeben, und dazu gibt es auch eine gruselige Geschichte aus grauer Vorzeit, von der ich allerdings erst später hörte. Danach hat sich einer der Vorfahren der Grafen Toerring bei einer der damals häufig grassierenden Mäuseplagen auf die Insel geflüchtet; die Mäuse schwammen dem hartherzigen Mann aber nach und fraßen ihn zur Strafe dafür, dass er der hungernden Bevölkerung nichts von seinen Vorräten geben wollte, bei lebendigem Leib auf.

Für uns aber war es immer nur »die Insel«. Sie liegt ziemlich genau gegenüber unseres Grundstücks, ist aber von diesem aus nicht zu erkennen. Und sie stand auf der Liste der möglichen Ausflüge unangefochten an oberster Stelle. Es war meine erste Insel, die den Grundstock für eine später stattliche Sammlung bildete; ich habe sie bestimmt einige hundert Mal umrundet.

Auch heute ist es noch so, dass die Insel, die sehr nahe dem Westufer des Sees vorgelagert ist, mit flach gehenden Booten umrundet werden kann. Theoretisch jedenfalls, doch ist die Durchfahrt aus Naturschutzgründen meines Wissens seit einigen Jahren verboten. Damals allerdings war ihre Umrundung eines der schönsten Abenteuer, die der See zu bieten hatte. Die Insel war da noch dicht mit Schilf und Binsen umstanden und diese boten den Tausenden Vögeln, vor allem Lachmöwen, Rohrdommeln, Blesshühnern (von uns Duckanterl genannt) und auch Schwänen beste Möglichkeiten für Nestbau und Brut. Wenn man den Bug des Kahns etwas in das dichte Schilf hineinsteuerte, konnte man dem Brutgeschäft richtig zuschauen und es war für mich als Jungen ein großes Erlebnis, wenn ich den Moment mitbekam, wenn eine junge Möwe von innen die sie noch umhüllende Eischale aufpickte und den ersten verwunderten Blick auf ihre neue Welt warf.

Dann gab es da auch noch den Zauberbaum zu besichtigen. Dazu musste man aber schon sehr gut den Zugang kennen, denn der Zauberbaum stand mitten in dem kleinen Wäldchen im Nordteil der Insel – ob es ihn auch heute noch gibt und wenn ja, ob man ihn auch noch aufsuchen kann, weiß ich nicht; aber damals zählte es zu den im wahrsten Sinn des Wortes zauberhaftesten Eindrücken, plötzlich im Halbdunkel des kleinen Fichtenwäldchens vor der mehrfach vom Blitz getroffenen uralten Linde zu stehen und sogar noch durch ihren gespalteten Stamm hindurchschlüpfen zu können. Kinderherz, was willst du mehr als ein solches Wirklichkeit gewordenes Märchen!

Die Insel galt in der Zeit des Krieges und noch lange danach als unbewohnt. Das einzige Haus, ein altes, ziemlich heruntergekommenes kleines Schlösschen, wurde erst etliche Jahre später wieder fest bezogen. Umso mehr konnte man es ungestraft wagen, die Insel zu betreten, allerdings bei mir immer mit einem schlechten Gewissen und der Angst, dabei doch einmal erwischt zu werden.

Eine Fahrt um die Insel war gleichzeitig für uns ein »Besucher-Test«. Es gab da alle möglichen Reaktionen, wie diese auf das sich ihnen bietende Naturerlebnis reagierten. Schon wenn die Schilfzone erreicht war und das Boot fast lautlos durch das dichte Grün driftete, die einzelnen Stängel an den Bordwänden entlangglitten, überwältigte mich immer ein geheimnisvoller Zauber und es stellte sich eine fast andächtige Stimmung ein. Umso mehr war ich gespannt, ob ich Ähnliches auch an den Gästen beobachten könnte. Wer dann nicht beeindruckt war und weiter munter darauf los plauderte, war bei mir dann klar »unten durch«.

Nach der Fahrt durch einen etwa 80 bis 100 Meter breiten Schilfgürtel erreichte man dann den Kanal, der sich hinter der Insel um die Insel herum windet, und war sogleich mitten im Vogel-Paradies. Von meiner Mutter hatte ich gelernt, mich ganz still zu verhalten und das Geschehen um mich herum auf mich wirken zu lassen, um möglichst viel zu sehen und zu hören. Eine Fahrt mit einem Indianer-Kanu in den Dickichten des Mississippi hätte auch nicht viel spannender sein können, so empfand ich es. Ich glaube, es war meine erste ganz bewusste Entdeckung, dass und wie sehr Menschen unterschiedlich reagieren, und es wurde mir warm ums Herz, wenn ich spürte, dass andere ähnlich empfanden wie ich.

Vergleichsweise banal war es dann später, dass es hinter der Insel in Bachern eine gut gehende Hendlbraterei gab und wohl auch noch gibt, und zum *»Mutz«* zu rudern war eigentlich auch immer ein Volltreffer – oft kamen die noch warmen Hendl aus dem Grill auch gar nicht bis zum »Haus Hanna«, sondern wurden schon irgendwo im Schilf verspeist, wohl zur Freude der Fische, die dadurch auch noch an den Knochen herum fieseln konnten.

Das Schilf um die Insel war auch ein bevorzugtes Angelrevier von uns. Hierzu fällt mir ein besonderes Erlebnis ein, das mein Vater und ich dort beim »Rotaugen-Stippen« hatten. Unsere Laia stand vielleicht auf einem halben Meter Wasser, als das Boot plötzlich einen kräftigen Stoß bekam und regelrecht zu schaukeln begann. Wir beide sahen, dass ein großer dunkler Schatten unter dem Boot hervorkam und mit deutlich sichtbarer Fahne im Schlamm davon schoss. Offenbar war es ein großer Waller, den wir in seiner Ruhe aufgestört hatten. Man könnte aber auch von einem Märchenwesen sprechen und dann wäre es bis zu der Geschichte *»vom Fischer und seiner Frau«* und zu Buttje, dem sprechenden Fisch und verwunschenen Prinz, nicht mehr weit gewesen.

War der See sozusagen die Schokoladenseite des Paradieses, so hatte es aber auch noch ein Hinterland, das aus Feldern, Wiesen und Wäldern bestand und heute auch noch weitgehend unbebaut besteht. Man brauchte nur die paar Stufen den Hang hinauf steigen und schon befand man sich in einer typischen oberbayerischen Moränenlandschaft, deren Überbleibsel ja auch die Seen dieser Gegend sind. Nach wenigen Minuten konnte man am Waldrand Erdbeeren oder Himbeeren pflücken und auch zu den Pilzplätzen war es nicht weit. Im Krieg war die Kenntnis der Plätze, wo die

Natur uns eine Art Selbstbedienungsladen bot, natürlich besonders wichtig. Die Lebensmittelkarten waren ja mehr oder weniger nur eine Notversorgung, die vielleicht mühsam das Überleben ermöglichten, aber den Hunger kaum stillen konnten, wäre da nicht das eine oder andere Zubrot aufzutreiben gewesen. Neben den Früchten des Waldes und der Felder bestand es vor allem aus dem, was wir bei den Bauern in Steinebach zu erbetteln pflegten: Milch vor allem, Eier und gelegentlich auch Butter und dann und wann ein von der Bäuerin selbst gebackenes, herrlich duftendes Brot. Meine Mutter pflegte die Beziehung zu den Bauernfamilien sehr sorgsam, unter anderem auch mit einer guten Portion Mithilfe bei der Ernte, etwa, wenn ein Gewitter am Himmel stand und Heu oder Getreide schnell noch trocken in die Scheunen kommen sollte. Jedenfalls hatten wir sogar mehrmals in der Woche unser Lieblingsessen auf dem Tisch: saure Milch und geröstete Kartoffeln, an heißen Tagen eine absolute Köstlichkeit!

Das Stichwort »heiße Tage« bringt mich noch zu anderen Erinnerungen an unser Paradies: Es war dort eigentlich immer Sommer, zumindest in meiner Kindheit. Und ich meine, es gab damals noch richtige Sommer, also wochenlange Sonnenschein-Perioden. Wenn ich am Morgen oben im Schlafzimmer die beiden Ladenflügel aufmachen durfte, glänzte das Sonnenlicht schon in üppiger Pracht auf dem lächelnden See, der dementsprechend unwiderstehlich zum Bade lud. Im Nu ging's hinunter, auch wenn das Wasser noch frisch war, ein Kopfsprung mit Anlauf sollte es schon werden, auch wenn gelegentlich ein »Bauchplatscher« dabei herauskam.

Auf frühen Fotos aus meiner Kinderzeit lässt sich feststellen, dass paradiesisch auch wörtlich zu verstehen ist: Außer einer kecken Tüte aus Stroh als obligatem Sonnenschutz war die textile Freiheit grenzenlos beim Plantschen im seichten Wasser, meiner Lieblingsbeschäftigung, gemeinsam mit Rowdy, einem Foxterrier, dem einzigen Hund in meinem Leben. Warum ich später ein Katzenfan geworden bin, weiß ich nicht so ganz genau. Aus dem Tagebuch meiner Mutter weiß ich, dass Rowdy ein rechter Kläffer und Streuner war und ich ihn deshalb ebenso wie die Eltern einfach »Lump« nannte. Offenbar hat das unsere Beziehung nicht sonderlich positiv beeinflusst und so dauerte sie auch nicht allzu lange, denn der Lump war eines Tages verschwunden und kam nie mehr zurück

Heiße Tage hieß aber auch: Die Tage waren lang, ein frühes Zu-Bett-Gehen war klimatisch einfach nicht möglich, in dem gemeinsamen Schlafzimmer unter dem mit Holz vertäfelten Dach war es unerträglich heiß und stickig. Also durfte ich noch aufbleiben und mit der Mutter auf dem Steg sitzend den wundervollen Sternhimmel bewundern, wovon ich nie genug bekommen konnte. Allerdings muss sie mir dabei auch so manche Geschichten erzählt haben, die mich dann im Traum verfolgt und gequält haben. So weiß ich noch gut, wie sie aus der »geheimen Offenbarung« von den Zeichen am Himmel sprach, die vor dem Weltuntergang zu sehen sein würden. Und in den Zeiten, wo bei den nächtlichen Fliegerangriffen tatsächlich Leuchtkugeln und so genannte Christbäume im Wettstreit mit den Flakscheinwerfern den Himmel erhellten, brauchte es nicht mehr viel Fantasie, um das Ende allen Daseins vor sich zu sehen. Und da trat im Traum dann schon auch einmal der Satan persönlich auf, kam die steile Holztreppe herauf in das höllisch heiße Schlafzimmer, setzte sich an Mutters Schminktisch und aß mit einem Dreizack aus ihrem Salbentopf …

Nicht selten entlud sich eine solche sommerliche Hitzeperiode in einem fürchterlichen Gewitter. Anfangs hatte ich panische Angst, vor allem seit ich miterlebt hatte, dass bei einem solchen Gewitter das ganze Dach von dem Nachbarhäuschen unter grässlichem Kreischen über den Hang hinauf auf das Getreidefeld geschleudert wurde und die arme Besitzerin plötzlich im Regen stand.

Später habe ich dann allerdings Gewitter wie eine Geisterbahn auf dem Oktoberfest als schaurig schönes Abenteuer irgendwie zu lieben gelernt und bin sogar im Gewitter mit Freund Joaquin aus Spanien mit vollen Segeln hinausgefahren, um dem Gewittersturm zu trotzen. Unser Übermut hat nach einem Blitzeinschlag einige Meter entfernt – zum Glück ins Wasser – dann doch einen rechten Dämpfer bekommen, und auch die Hagelkörner ins Gesicht, vor denen wir uns kaum schützen konnten, trugen dazu bei, den Unfug sein zu lassen. Andererseits gehört es auch noch heute zu meinen berauschendsten Seglererlebnissen, bei noch absolut glattem Wasser bei etwa sieben, oder gar acht Windstärken über das Wasser zu gleiten, nein: zu fliegen. Umgeworfen haben wir übrigens dabei nie!

Von meiner Kindheit am See und der Faszination, die das Wasser auf mich ausübte, sind noch ein paar Begebenheiten nachzutragen.

So stand ein Ausflug zum Ammersee nach Breitbrunn, wie er meist einmal im Jahr von der Mutter meines Freundes Fritzi Hofschuster organisiert wurde, ganz oben auf der Attraktivitätsliste. Nach einem langen Fußmarsch durch Feld und Wald, bei der Hitze eines schönen Sommertages recht beschwerlich, wartete dann mindestens ein Bad im Ammersee am Steg in Breitbrunn als Belohnung auf uns, und das höchste der Gefühle war es, wenn wir in den »Riesenwellen« eines Dampfers schwimmen konnten. Manchmal war gar eine Fahrt mit einem der alten Schaufelraddampfer nach Utting und wieder zurück der Höhepunkt unseres Ausflugs. Wir Buben konnten lange vor den auf- und abstampfenden glänzenden Messingkolben der Maschine stehen und uns nicht satt sehen an dem technischen Wunderwerk.

Zu meinen Freunden zählte etwas später der Fritz Elchlepp, der die Leidenschaft Segeln mit mir teilte und auch ein tolles Segelboot besaß. Es war ein »Schratz«, ein Typ, der am Chiemsee viel gesegelt wurde und ein richtiges Zweimannboot war, was für mich eine neue Herausforderung darstellte, galt es doch erstmals, als Mannschaft zu agieren. Außerdem habe ich bei Elchlepps das Kartenspiel Canasta erlernt, was an regnerischen oder windlosen Tagen eine sehr beliebte Abwechslung brachte. Allerdings gab es da eine mächtige Konkurrenz mit Richard Wagner. Wenn nämlich aus Bayreuth die Festspiele im Radio übertragen wurden, hat sich das Haus Elchlepp selbst in ein kleines Festspielhaus verwandelt, das heißt, man warf sich in Schale und lauschte der Übertragung, – und das stundenlang, wie der Kundige weis.

Dem war weder mein Musikverständnis noch mein Sitzfleisch gewachsen, und so war ich ein eher missmutiger Verlierer. Vor diesem Hintergrund konnte sich eine Liebe zu Wagner bei mir verständlicherweise nie so recht entwickeln.

Noch andere Künste habe ich in Steinebach erlernt. Unsere Nachbarn auf der Nordseite waren ein recht seltsames Trio aus zwei Schwestern und einem Bruder mit dem Namen Tornow: eine Elisabeth, eine Gerda und gelegentlich ein mir dem Namen nach nicht mehr bekannter Mann. Zusammen besaßen sie zwei Holzhütten, eine am See und eine am Hang. Lediglich die am See übte aber eine Anziehungskraft auf mich aus, denn in ihr lebte Gerda, die eine verkrachte Schauspielerin war. Verkracht bezieht sich in erster Linie auf einen Unfall auf der Bühne, bei dem ihr der eiserne Vorhang auf den Kopf gefallen war und ihre Karriere jäh beendete. Wohl von daher hatte sie eine gewisse Unberechenbarkeit entwickelt, manche sagten gar Unzurechnungsfähigkeit, die sich darin äußerte, dass sie schon mal mit einem Beil in der Hand auf jemanden losging, etwa auf den Briefträger oder den Nachbarn. Auf Männer jedenfalls. Ich als Kind hatte davon gehört, aber ich hatte nichts zu fürchten. Für mich war sie eine verrückte Alte, die meist in ihrer von Gebüsch zugewachsenen Hütte lebte und nur von Zeit zu Zeit auf den kleinen Steg herauskam, um nach ihrer Angel zu sehen. Ihr Aufzug dabei war grotesk, aber wenig abwechslungsreich; meist trug sie nur lachsfarbene Unterwäsche, aber solche von einer absolut unerotischen Art. »*Marke Donaubauer*« sagte meine Mutter dazu. Dazu kam in der Regel noch ein Strohhut. Wirklich spannend wurde es nur, wenn sie einen Fisch an der Angel hatte, denn dann sprach sie mit ihm, zuerst leise und beschwörend, dann rief sie wieder laut um Hilfe, wenn der Fisch im Schilf davonzog. Des Öfteren half ich dann mit einem Kescher, den Fisch anzulanden. Einmal hatte sie auch ihr Gebiss beim Baden verloren und rief mich zur Hilfe. Etwas schauderte es mich schon, als mir beim Tauchen in etwas zwei Meter Tiefe das weiße Gebiss plötzlich entgegenleuchtete.

Auf diese Weise freundeten wir uns an; und dann kam sie öfter in unser Haus und brachte mir das Schachspielen bei. Da war dann von den Folgen ihres Bühnenunfalls nichts zu merken; es dauerte lange, bis es mir gelang, sie zu schlagen und inzwischen vermute ich, dass sie mich nur gewinnen ließ, um meine Motivation zu stärken.

Vom Paradies wird meines Wissens nicht berichtet, dass es darin auch einen Winter gab. Darin unterscheidet sich unser Steinebach aber nun ganz entscheidend von dem biblischen Vorbild, denn der nächste Winter kam, wenn auch nicht immer mit Macht, so doch mit absoluter Sicherheit, ob es uns nun passte oder nicht. Spätestens Ende Oktober begann also das Einwintern, denn das aus Holz gebaute Haus war nun einmal nicht winterfest. Es begann mit dem Ausräumen der Kühlschränke (ja, der Plural stimmt schon: Da mein Vater ja Direktor des Verkaufshauses der Robert Bosch GmbH war, hatte er schon früh für gute Kühlung gesorgt, was bei den gegebenen Einkaufsproblemen auch außerordentlich hilfreich war) und es endete mit dem Abstellen des Wassers und dem Aufstellen der Mäusefallen. Das Zusammenleben mit diesen Tieren glich so ein wenig den Verhältnissen in der Arche Noah: Sie waren einfach unsere Hausgenossen, wenn auch eher ungeliebte. Vor allem des Nachts waren sie recht ungenierte Gäste; alles Essbare, was nicht gut weggeräumt war, war morgens spurenlos entsorgt, nur einige Küttel verrieten die Diebe. Dazu machten sie in dem niedrigen Holzverschlag hinter den Betten einen Radau, dass es einem Angst und Bange werden konnte. Dieser Schlupfwinkel aber war praktisch nicht zugänglich, gerade dass man ein paar Fallen hinein schieben konnte.

Im Frühjahr ging dann das Auswintern in der umgekehrten Reihenfolge vor sich, wobei mir die wichtigste Rolle zukam: das Entfernen der Fallen, die in der Regel auch ihren Zweck erreicht hatten und dann auch einen scheußlichen Geruch absonderten. Meine Mutter, die es wie ihr großes Vorbild, die heilige Johanna von Orleans, ganz sicher furchtlos und mit der Hilfe Gottes gegen ganze Heere aufgenommen hätte, hatte aber eine lächerliche Schwäche: Mäuse trieben sie zu hysterischen Reaktionen, selbst tote konnte sie nicht einmal ansehen. Mir machte es umso mehr Spaß, die winterliche »Strecke« säuberlich vor dem Haus auszurichten, bis sie darauf stieß und ein markerschütternder Schrei den Erfolg meines Streiches verkündete.

Die Umkehr dieses seltsamen Verhaltens erlebte ich irgendwann im Krieg, als das Rascheln im unzugänglichen Versteck besonders heftig geworden war: Ein Nachbar wurde schließlich zu Hilfe gerufen und stöberte mit allen möglichen Tricks eine Familie von Tieren auf, die kaum anders als Mäuse aussahen, aber etwas größer waren, und die von Kundigen als Iltisse bezeichnet wurden. *Die* fand meine Mutter plötzlich niedlich und ihren Radau gar nicht mehr so schlimm …

Auch wenn man also im Winter nicht in unserem Haus übernachten konnte, kamen wir in späteren Jahren mit den Kindern gern nach Steinebach, wenn man hoffen konnte, dass der See zugefroren sei. So manchen sonnigen Wintertag haben wir dann auf Schlittschuhen herumgetobt, bis uns die Füße wehtaten, was früher eine unschöne, aber übliche Begleiterscheinung des Schlittschuhfahrens war. Leider gab es meist nur eine kurze Zeit mit »Spiegeleis«, denn wenn einmal einige Zentimeter Schnee auf der Eisfläche lagen, konnte man nur noch spazieren gehen und den Schlitten hinterher ziehen, was aber bedeutend weniger Spaß machte.

»Spiegeleis« hatte noch eine andere Attraktion zu bieten: Man konnte dann, wenn das Wasser flach war, bis zum Grund sehen und das Leben der Fische im Winterschlaf beobachten. Und siehe, da war nichts von Winterschlaf zu sehen, im Gegenteil herrschte reges Leben und Treiben. Versuche, ein Loch in das Eis zu hauen und eine Angel zu den sichtbar unten herum schwimmenden Fischen hinunter zu lassen, waren allerdings bei uns nicht von Erfolg gekrönt: Sie bissen nicht!

Doch gibt mir das Anlass und Gelegenheit, noch ein kleines Kapitel aufzuschlagen, das sich mit einer weiteren Lieblingsbeschäftigung in unserem Paradies beschäftigen wird: das Fischen.

Nun soll hier kein Fachkursus im Angeln gehalten werden, auch das beliebte Fischer-Latein will ich nicht strapazieren, aber da vor allem in den Kriegs- und Nachkriegsjahren das Fischen schon aus Selbsterhaltungstrieb viel Zeit in Anspruch nahm, verdient es eine Erwähnung.

Gelernt habe ich es nicht von meinem Vater; wie er berichtete, hat er in seiner Kindheit bei seinen Großeltern in Mühlhausen an der Enz wohl beim Fischen geholfen, aber nicht beim Angeln, das für Berufsfischer auch keine Erfolg versprechende Fangmethode darstellt. Meine Lehrmeister waren Schwester Anneliese und vor allem mein Schwager Philipp Schiede, der Cellist, der eine besonders glückliche Hand hatte und eigentlich nur selten ohne Beute heimkam. Von ihm lernte ich, wie man einen Haken beködert, wann man den Anhieb setzen muss und wie man einen Fisch drillt, das heißt: müde macht, bis man ihn schließlich ins Boot bekommt. Er kannte auch das Geheimnis der besten Regenwürmer, wo man sie findet, wie man sie frisch hält und wie man sie verführerisch für den Fisch an den Haken macht. Und auch die drei Grundregeln beim Angeln habe ich von ihm: Man muss wissen, wo welcher Fisch steht, was er frisst und wann er beißt. Und dann Geduld und keine Bewegung, ja sogar den Schatten möglichst nicht ins Wasser fallen lassen.

So habe ich dann selbst leidlich erfolgreich gefischt, aber von wirklich aufregenden Erlebnissen kann ich aus dieser Zeit nicht berichten. Das änderte sich erst, als ich mit der Schleppfischerei anfing, das heißt, beim Rudern einen Blinker hinter dem Boot nachziehen und auf den Biss eines Raubfisches hoffen. Diese Methode ist zwar langweilig, zumindest, bis man einen Fisch an der Angel hat, aber wenn es einem gelingt, den Hecht oder Zander mit einem Kescher zu »landen«, dann lohnt es sich in doppelter Hinsicht: Der Kampf mit dem Fisch ist aufregend und die Beute in der Regel ansehnlich bis respektabel. Kein Vergleich mit dem Kleinzeug, das man sonst so nach hause brachte.

Mein größter Hecht war mit seinen einhundertzehn Zentimetern immerhin gut »einen Kopf größer« als unser Sohn Stephan mit etwa sechs Jahren, und das kann per Foto bewiesen werden.

2. Kapitel

Faszination Segeln

Eine lebenslange Leidenschaft

Das Thema Segeln gehörte für mich eigentlich von Anfang an zu Steinebach und somit zum Paradies dazu, war ein wesentlicher Bestandteil wenn nicht gar der Mittelpunkt davon. Am besten zeigt das wohl meine reichlich arrogante Formulierung, die ich mehrfach in Streitgesprächen, wenn es um das Leben nach dem Tod ging, benutzte, dass ich an einem Fortleben im himmlischen Paradies absolut nicht interessiert sei, wenn man dort nicht auch segeln könne!

Die Faszination am Segeln hat denn auch mein ganzes Leben begleitet; hier in Steinebach ist sie geboren worden und hat sich schnell zur Leidenschaft entwickelt.

Angefangen hat es mit allen möglichen Spielzeugschiffchen, die man hinter dem Boot herziehen konnte. Aber bald interessierten mich nur solche, die ein Segel hatten, und ich denke, dass ich durch sie schon als Kind die Grundbegriffe des Segelns empirisch gelernt habe; vielleicht bin ich aber auch schon mit einem ausgeprägten Gefühl für eine möglichst optimale Umsetzung von Winddruck in Geschwindigkeit geboren.

Allerdings ist mir nicht bekannt, dass es in der Reihe meiner Vorfahren irgendeinen großen Seefahrer gegeben hat oder sich gar im Erbgut ein entsprechendes Gen nachweisen ließe. Immerhin sind die Ahnen väterlicherseits über viele Generationen Fischer gewesen, somit dem Wasser eng verbunden, wenn auch nur an einem kleineren Flüsschen, der Enz in der Nähe von Stuttgart, ein Gewässer, das wohl nie ein Segelboot befahren hat. Boote sind freilich für die Berufsfischer immer noch das wichtigste Handwerkszeug, und die Liebe zur Natur und ihre Beobachtung dürfte für meine Vorfahren nicht nur ein Ausdruck eines romantischen Lebensgefühls, sondern notwendige Voraussetzung für den wirtschaftlichen Erfolg, von dem sie ja lebten, gewesen sein. In dieser Hinsicht fühle ich mich also durchaus erblich vorbelastet.

Mein Vater hat selbst nie segeln gelernt. Ob mit dem Kauf unseres ersten Bootes, das ja in erster Linie als Ruderboot ausgelegt war und das nur eine ganz einfache seglerische Ausrüstung besaß, eine theoretische oder gar praktische Einweisung verbunden war, steht eher nicht zu vermuten. Einiges spricht dafür, dass mein Vater sich das Segeln selbst beigebracht hat; so fanden sich in unserem Haus in Steinebach als Stütze für diese Vermutung zwei Bücher: eines von Günther Grell, *Heut geht es an Bord, eine Einführung in den Segelsport,* das später auch mein erster theoretischer Unterbau wurde, und ein kleines Büchlein mit dem hübschen Titel: *Segelanweisung für eine Freundin; von Hans Leip*, das aber, soweit ich mich erinnere, eher von literarischer als fachkundiger Bedeutung war.

Das erste, was mich beim Segeln fasziniert hat, waren Geräusche, die mich glücklich machten. So saß ich als Kind am liebsten vorne im Bug des Kahns auf dem Boden und lauschte auf das plätschernde Murmeln, wenn kleine Wellen gegen den Rumpf klopften, oder auf das tiefe Brummen des Bleischwertes, wenn es bei flotterer Fahrt durch das Wasser schnitt; es durchströmte mich dabei wie bei den tiefen Tönen auf dem Cello meines Schwagers Philipp einige Jahre später; dabei sagte ich dann allen Ernstes: Wenn ich wieder auf die Welt komme, möchte ich ein Cello werden.

Ein ähnliches warmes, behagliches Bauchgefühl hatte ist sonst nur, wenn ich in dem Auto meines Vaters hinten auf der Bank liegen und träumen durfte, der Motor gleichmäßig schnurrte und die leise Unterhaltung meiner Eltern gedämpft an mein Ohr und in meine Träume drang. Allerdings wurde es mir im Auto dann regelmäßig schlecht, was aber seltsamerweise im Schiff nie passierte: Mein ganzes Leben hatte ich nicht ein einziges Mal mit Seekrankheit zu kämpfen!

Später durfte ich dann schon einmal das Steuer in der Hand halten und fühlen, was sich tat, wenn ich die Richtung des Segels zum Wind veränderte. Mein Vater hatte eine ganz schlichte Methode, mir etwas beizubringen: Er ließ mich selber machen und herausfinden, was passiert. Das hat er auch beim Autofahren so gehalten: Erst durfte ich ganz nahe an ihn heranrücken – damals hatten viele Autos noch keine Einzelsitze sondern Bänke – und steuern, dann dazu auch noch Gas geben; nur das Bremsen und Schalten behielt er sich vor. So konnte ich mit vierzehn Jahren schon alleine fahren. Als ich mit sechzehneinhalb Jahren den Führerschein machte, war ich sicher schon einige hundert Kilometer allein gefahren, meist mit dem Vater neben mir, oft aber auch ohne ihn.

Doch zurück zum Segeln.

Praktischen Anschauungsunterricht erhielt ich durchs Zusehen bei den Regatten, die an vielen Wochenenden direkt unter unserem Balkon stattfanden. Nur einige fünfzig Meter von unserem Steg wurde vom Seglerverein Wörthsee im Sommer eine Tonne ausgelegt, um die alle Boote wenden mussten. Sie war damit ein Garant für oft packende Szenen, vor allem, wenn der übliche Dreiecks-Kurs unter den bauchigen Spinnacker-Segeln nach dem Runden der Tonne zurück zum nördlichen See-Ufer führte. Unvergesslich bleibt mir eine dramatische Szene, als bei heiterem Himmel plötzlich eine kräftige Bö über das gemütlich dahintreibende Feld hinwegfegte und fast alle Boote mehr oder minder gleichzeitig zum Kentern brachte.

Auch sonst bekam ich nicht selten recht drastisch vorgeführt, dass der Wassersport auch seine Gefahren hat. Mehrmals sind wir nach Hilferufen von verunglückten Bootsbesatzungen mit unserem Kahn zur Hilfeleistung ausgerückt und haben die nassen und frierenden Segler aus dem Wasser gezogen. Einmal war sogar eine junge Frau dabei, die nicht schwimmen konnte und erbärmlich um Hilfe schrie.

Doch das alles tat der Liebe keinen Abbruch: Meine Segelleidenschaft wurde notorisch, und als ich dann selbst regattierte, hatte vor allem meine Marianne als »Seglerwitwe«, wie man die an Land zurückgebliebenen Segler-Frauen nennt, sehr darunter zu leiden, saß ich doch an manchen Wochenenden mehr auf dem Wasser als zuhause. Aber auch sie war von dem Bazillus angesteckt und hat so manche Regatta vom Begleitboot aus verfolgt. Erst als wir dann mit einem Dickschiff das Mittelmeer besegelten, hat sich die Leidenschaft für die Wettsegelei gelegt, von der das nächste Kapitel handeln wird.

Zuvor will ich aber versuchen, der Frage nachzugehen, was am Segeln eigentlich so faszinierend ist.

»Segeln ist Herrensport«, so sagte man früher oft. Bis heute hat sich daran sehr viel geändert, denn es ist ja mit all seinen Ablegern wie Surfen oder Kiten inzwischen Volkssport geworden. Um kein Missverständnis aufkommen zu lassen: Mit Herrensport war nicht etwa ein Gegensatz zu Frauensport gemeint, sondern dass das Segeln der obersten Gesellschaftsschicht vorbehalten war, eben der Herrenschicht: Volk war da nicht erwünscht und es wurde in den Nobel-Vereinen streng darauf geachtet, dass man »unter sich blieb«.

Das spielte am Wörthsee freilich keine Rolle; der Segelverein, der sich dort schon vor dem zweiten Weltkrieg etabliert hatte, war im Wesentlichen von einfachen Münchner Geschäftsleuten und Handwerkern aus Steinebach gegründet worden, und jeder, der sportlich segeln wollte, konnte Mitglied werden. Dementsprechend war seine Klassenpolitik, auch bedingt durch die geringe Größe des zur Verfügung stehenden Reviers, auf kleine Ein- oder Zweimann-Jollen ausgerichtet. Der Verein, der großen Wert darauf legte, ein »Segler-Verein« und kein Segel-Verein zu sein, besaß und besitzt noch heute am Nordost-Ufer ein recht bescheidenes, aber gemütliches Vereinsheim mit Bootshaus, das sich in keiner Weise mit den Anlagen der großen Clubs am Ammer- oder Starnbergersee messen konnte; er hatte aber sehr beachtliche sportliche Ambitionen und war darin auch recht erfolgreich.

Ein kleines Erlebnis aus meiner aktiven Regattazeit kann recht gut den gegebenen Niveau-Unterschied zu einem Nobel-Club deutlich machen.

An einem schönen Mariä-Himmelfahrtstag etwa Ende der fünfziger Jahre war ich mit meiner Frau als Zuschauer bei einer von dem Augsburger Segelclub in Utting am Ammersee veranstalteten Segel-Regatta; zusammen mit vielleicht fünfzig anderen Zuschauern hatten wir es uns auf den Steganlagen des Clubs gemütlich gemacht. Diese waren aber dem Gewicht so vieler Menschen nicht gewachsen und brachen plötzlich wie ein Kartenhaus zusammen. Wirklich Ernsthaftes ist dabei nicht passiert, aber einige Feldstecher und Handtaschen waren weg und natürlich die Kleidung aller ins Wasser gefallenen Leute durchnässt. Um unseren Schaden zu melden, wagte ich es, mit entblößtem Oberkörper in die Clubräume zur Wettfahrt-Leitung vorzudringen, was aber erst einmal in einer mittleren Katastrophe endete, da man mich in meinem Aufzug oder besser gesagt: Nicht-Aufzug nicht ins Allerheiligste hinein ließ. Dieses durfte damals nur in entsprechender Kleidung, will sagen: langer weißer Hose, mit Bügelfalten, versteht sich, und weißem Hemd betreten werden. Punkt. Steg-Bruch hin oder her.

Nun, am Wörthsee durfte man die Vereinsräume auch in der Badehose betreten.

Allerdings hat es auch dort noch einige Zeit gedauert, bis aus dem Herrensport auch ein Damensport wurde, also auch weibliche Vereinsmitglieder mit eigener Hand ein Boot steuerten. Bis dahin waren sie allenfalls als Mitsegler geduldet, wenn es denn überhaupt die bezeichnenderweise als »Damenbrise« gescholtenen Windverhältnisse zuließen.

Nach diesem eher kulturgeschichtlich interessanten kleinen Ausflug zurück zur Faszination Segeln.

Diese hat sicher viele Aspekte. Einen davon konnte ich recht früh an unserem Kahn »Laia« selbst entdecken. Unsere Laia war ein eher behäbiges Ruderboot, das man allerdings auch ganz sportlich rudern konnte, denn es hatte immerhin zwei Ruderbänke und erlaubte es maximal vier Personen, für einen beachtlichen Vortrieb zu sorgen. Dazu gehörte zur sportlichen Höchstleistung auch noch der Steuermann, dessen Aufgabe meist mir zufiel, da ich als Kind die schweren Holzruder noch nicht sehr effizient handhaben konnte. Da es am Wörthsee auch einen Marine-Kutter gab, der über mindestens sechs Ruderbänke verfügte und als HJ-Ausbildungsschiff oft und mit erheblichem Drill unterwegs war, hatten wir einen guten Anschauungs-Unterricht, was richtiges Rudern anbelangte, und versuchten, das auch nachzumachen; eine Trillerpfeife war bei uns allerdings nicht an Bord.

Trotzdem war Laia ein zwar nützliches, aber doch totes Ding, was sich aber augenblicklich änderte, wenn der Mast aufgestellt und das Segel gesetzt wurde: Dann verwandelte es sich in ein lebendiges Wesen, so empfand ich es jedenfalls.

Und genau das verändert alles: Man ist nicht mehr Ruderknecht oder Sklave, der seine ganze Körperkraft einsetzen muss, um ein bestimmtes Ziel zu erreichen, man ist plötzlich zum Herrn avanciert, der sich fahren lässt, sofern der Wind mitspielt, und der plötzlich eben in jenem Wind einen Partner hat, der Freund oder auch Gegner sein kann. Obendrein steht in aller Regel auch nicht mehr das Erreichen eines Zieles im Vordergrund, vielmehr ist im meist ziellosen Treibenlassen ein qualitativ neuer Freiheitsgrad gewonnen, von der damit verbundenen Attraktion einer erhöhten Spannung ganz zu schweigen. Aus einer eher handwerklichen

Fortbewegung ist mit einem Mal pures Abenteuer geworden.

Vielleicht kann ich diese Verwandlung noch an einem anderen Bild verdeutlichen: Am Wörthsee wehte an schönen Tagen mit stabiler Hochdrucklage meist ein thermischer Ostwind, der ziemlich regelmäßig am späteren Vormittag einsetzte und anfangs auch recht böig sein konnte, bis er gegen Mittag eine gewisse Konstanz erreichte. Für mich war der Moment, wo die ersten Böen mich zwangen, mich bei der O-Jolle auf das Deck zu setzen und mich mit meinen Oberkörper als Gegengewicht zum Winddruck hinaus zu lehnen, mit einem mit nichts zu vergleichendem Glücksgefühl verbunden, dass ich am liebsten laut gejauchzt hätte.

Dieses Gefühl, den Wind so unmittelbar in der Hand zu halten und mit ihm spielen zu können, wie er umgekehrt auch mit mir spielte, war einfach von göttlicher Dimension und Herkunft; heute fällt mir als in etwa adäquat dazu nur der biblische Bericht vom Pfingstwunder ein, das ja bekanntlich mit einem starken Brausen des Geist-Windes einherging.

So viel über die Faszination Segeln.

3.Kapitel

»Lehr- und Wanderjahre«

Mit O-Jolle und Korsar

Meine Mutter verfügte über eine stattliche Sammlung von Sprichwörtern. Eines davon lautete: Lehrjahre sind keine Herrenjahre. Ich kann mir gut vorstellen, dass diese Volksweisheit in einem Handwerksbetrieb wie der Küferei, aus dem meine Mutter stammte, auch durchaus ihre Gültigkeit hatte. Für mich und meine sportliche Betätigung allerdings traf das absolut daneben, was unter anderem auch an dem Nimbus dieses Sports liegt, der, wie soeben dargelegt, sozusagen schon ex definitione die Bezeichnung Herrensport trug. Wenn es da überhaupt Lehrjahre gegeben haben sollte, so waren sie für mich dank Laia schon im Spiel vorübergerauscht.

Fairerweise ist aber hinzuzufügen, dass diese Feststellung nur bei einem so kleinen Gewässer und auch nur in der damaligen Zeit zutreffend ist. Zu den fast paradiesischen Zuständen gehörte es, dass sich jedermann ein Boot anschaffen und damit lossegeln konnte. Folgen hatte er gegebenenfalls allein auszubaden, denn irgendwelche Vorschriften oder gar Verbote gab es nicht oder waren zumindest uns damals nicht bekannt. Segelkurse, Segelführerscheine und Versicherungspolicen waren nur auf den schiffbaren größeren Gewässern vorgeschrieben. Auch das hat sich inzwischen geändert. Wer heute an einer offiziellen Segelregatta selbst auf der kleinsten Pfütze teilnehmen will, muss mindestens einen Sportbootführerschein oder A-Schein des Deutschen Seglerverbandes vorweisen können, und der ist nur durch die erfolgreiche Ablegung einer nicht einfachen theoretischen und praktischen Prüfung zu erwerben.

Andererseits bin ich erst in den letzten Jahren des 20ten Jahrhunderts bei meinen zahlreichen Segeltörns auf dem Mittelmeer gelegentlich aufgefordert worden, Schiffspapiere vorzuweisen, und auch da war ein Befähigungsnachweis zum Führen eines Schiffes am wenigsten gefragt; wichtig war für die Behörden in erster Linie der Nachweis einer entsprechenden Versicherung für das Boot. Ich erinnere mich noch gut an eine Kontrolle durch ein italienisches Polizeiboot vor der Küste Siziliens im Jahr 1992, bei der ich zu meinem Schrecken feststellte, dass ich sämtliche Ausweise und Schiffspapiere zuhause vergessen hatte. Außer einem lächelnden »das nächste Mal nicht vergessen« blieb dieser Vorfall ohne jede weiteren Folgen für Schiff und Mannschaft. Ja, das waren noch Zeiten!

Regatta segeln, ist das nicht eine Sünde gegen den Geist des Segelns?, magst du fragen. Ich gebe zu, man kann das so sehen. Ich selbst habe einige Jahre dazu gebraucht, mir die Frage zu beantworten, ob es sich lohnt, Stunden, gar Tage auf einem See herumzusitzen, um im Ziel dann vielleicht ein paar Meter vor der Konkurrenz zu sein und dafür Sturm oder noch schlimmer, Regen und am schlimmsten, brütenden windlosen Sonnenschein in Kauf zu nehmen. Und das für einen in der Regel scheußlichen Pokal, Humpen oder Becher! Trotzdem war es schön, wenn auch nicht immer befriedigend. Und neben den Trophäen gab es auch noch eine ganze Menge Erfahrungen zu sammeln.

Am Wörthsee fiel es mir nicht schwer, in meiner Klasse die ersten Preise abzuräumen, denn die besten Segler waren kurz vor meinem Erscheinen in die modernere Finndinghi-Klasse abgewandert, die auch bei den Olympischen Spielen inzwischen die betagte, für die

Spiele von 1936 gebaute Olympia-Jolle abgelöst hatte; nur einige ältere Herren waren ihrem wesentlich bequemeren Boot treu geblieben, schon weil es jedes Mal ein artistisches Manöver war, das kippelige Finndinghi überhaupt zu betreten. Dazu kam, dass ich über ein nagelneues Gaboon-Schiff verfügte und, noch wichtiger, über ein hochmodernes Dacron-Segel, das gerade erst die Segel-Szene revolutioniert hatte. So war es also nicht verwunderlich, dass man am Montag im Sportteil der Zeitung Überschriften lesen konnte wie: *Segler Fischer in Hochform* oder *Fünfmal Fischer am Wörthsee,* was dem Insider signalisierte, dass Fischer alle fünf Regatten des Wochenendes gewonnen habe.

Dennoch habe ich bei der Wettsegelei eine Menge Neues gelernt. Vordergründig waren erst einmal die »Wettsegelbestimmungen« möglichst auswendig zu lernen, um in der Regatta unter anderem bei Begegnungen mit anderen Booten sofort zu wissen, wer in dieser Situation nun »Wegerecht«, d.h. Vorfahrt hat. Vor allem im Bereich der Wendemarken war das ziemlich knifflig und nicht selten erst nach einem Protest gegen den Kollisionsgegner durch ein fachlich kompetentes Schiedsgericht zu klären. Immerhin war das eine gute Vorübung für das Wegerecht nach der Seestraßenordnung, die ein wichtiger Teil der Vorschriften für den Schiffsverkehr auf See und schiffbaren Flüssen ist. Demgegenüber hatten wir bei unseren Regatten den Vorteil, vom Gegner *»Raum«* zu verlangen, ein Wort, das bei Bojen-Manövern recht häufig und vor allem laut über den See schallte, besonders, wenn es zu einer *»Wuling«* gekommen war, womit ein Gedränge auf engem Raum gemeint ist. Spannend und dramatisch war es also schon, das Regattieren.

Auch seglerisch gab es eine Menge zu lernen. So war derjenige Segler ganz eindeutig im Vorteil, der Wetter und Wind lesen, richtiger: riechen konnte. Und die Revierkenntnis führte vor allem bei leichten, wechselnden Winden dazu, dass am Schluss meistens die sogenannten *»Lokalmatadore«* das bessere Ende für sich hatten.

Letztlich sollte meine Philippika auch noch den Hinweis enthalten, dass das Regattieren eine der wenigen wirklich harmlosen Formen der menschlichen Ehrgeizentwicklung ist, bei der weder Mensch (Gegner) noch Umwelt in Mitleidenschaft gezogen werden: Segeln hinterlässt noch nicht einmal Spuren …

Vielleicht das Beste an meinem Sport aber war der damit verbundene Orts- und Revierwechsel. So lernte ich die meisten bayerischen Seen kennen, segelte aber auch in der Schweiz und in Holland. Von diesen Wanderjahren möchte ich jetzt noch ein wenig berichten.

Zuvor aber noch eine kleine Geschichte zum bereits angesprochenen Thema *Material,* und zwar in absolut ungewohntem »ambiente« als Beispiel für die völkerverbindende Wirkung des Segelns.

Eines schönen Tages Abend war ich mit meiner Frau und einer ihrer Jugendfreundinnen bei einer Theateraufführung in den Münchner Kammerspielen; was an diesem Abend gespielt wurde, weiß ich nicht mehr, um so mehr, was anschließend passierte.

Wir waren nach dem Ende der Vorstellung noch in das in München recht bekannte Abendlokal *Zur Kanne* gegangen, um den Abend würdig ausklingen zu lassen. Am Nebentisch saßen zwei Herren, der Sprache nach als Nordeuropäer zu erkennen. Sie zogen aber unsere Aufmerksamkeit auf sich durch das, was sie speisten und was wir noch nie gesehen, geschweige gegessen hatten. Offenbar bemerkten sie unsere Neugier und luden uns ein, etwas davon mit zu essen, da es für sie viel zu viel sei. Es waren *Salzburger Nockerl,* wie sich herausstellte.

Das Gespräch war in Gang gekommen und wir erfuhren, dass es sich bei den beiden Herren um Dänen handelte. Dazu konnte keiner von uns viel beitragen, da wir alle noch nicht dort gewesen waren. Aber ein Stichwort drängte sich sofort auf: Paul Elvström, der dänische Weltmeister in fast allen olympischen Segelklassen, der damals als echte Ausnahmeerscheinung im Sport auch fast jedem Nicht-Segler bekannt war. Und Elvström war nicht nur Spitzensegler, sondern auch einer der besten Segelmacher seiner

Zeit! Natürlich waren die beiden Herren auch Segler – welcher Däne ist das nicht, möchte man fragen – und noch dazu waren die beiden ebenfalls Siemensleute, also Kollegen, wie ich anhand ihrer Taschenkalender feststellte.

Um es kurz zu machen: Ein paar Wochen später trafen wir uns wieder in der *Kanne,* diesmal aber nicht zufällig. Dabei ereignete sich etwas, was es vermutlich so nicht leicht ein zweites Mal gegeben haben dürfte: Der Ober servierte auf einem riesigen silbernen Tablett ein noch riesigeres Paket, das in einer solchen Edel-Kneipe nun absolut nichts zu suchen hatte: Es war ein Segelsack mit einem nagelneuen Elvström-Segel für meine O-Jolle, mit einem ganz speziellen Schnitt (einem sogenannten Strahlensegel), das bald auf vielen Regatta-Revieren bestaunt und vielleicht sogar gefürchtet werden sollte.

Diese Zufallsbegegnung bescherte mir außerdem anlässlich einer Dienstreise nach Kopenhagen noch einen schönen Segeltag mit einem »Nordischen Volkeboot« auf den Gewässern zwischen Dänemark und Schweden mit einem Besuch der Insel Veen, der einzigen Insel in nördlichen Gewässern in meiner Sammlung.

Erzählenswert, weil lehrreich, ist davon nur eine kurze Begebenheit. Gleich am Morgen bei der Ausfahrt aus dem Hafen, hatten meine dänischen Freunde mich ans Ruder gesetzt, offenbar auf die Segelkünste des »großen« Regattaseglers vertrauend. Es wehte eine stramme Morgenbrise und ich kreuzte unter »Vollzeug« auf die Hafenausfahrt zu. Doch schon bei der ersten Wende wäre ich fast mit dem mir fremden Schiff gegen die Hafenmole gekracht, weil ich sein Drehmoment unterschätzt hatte. Eine Jolle dreht eben deutlich schneller und auf engerem Raum als ein Kielschiff wie das Volkeboot, doch das musste ich erst lernen und ich bekam einen ganz schönen Schrecken. Aber so knapp es auch war, es ging gut und brachte mir gar noch unverdiente Anerkennung für mein scheinbar so schneidiges Manöver ein. Es ist eben oft schwer, zwischen Schein und Sein zu unterscheiden.

Eine meiner Wanderfahrten führte mich nach St. Moritz im Engadin, auf dem die Schweizer Meisterschaft in der O-Jollen-Klasse ausgetragen wurde, was sich als echte sportliche Herausforderung erwies. Wenn du, lieber Leser, St. Moritz mit seinem kleinen See kennst, wirst du das vielleicht gar nicht für möglich halten, aber es gibt einen handfesten Grund dafür, und das ist der Maloja-Wind, der täglich im Sommer bei gutem Wetter gegen zehn Uhr aus dem Tessin herauf fauchend einsetzt und innerhalb einer halben Stunde auf etwa sechs Windstärken aufbrist. Das hatte ich zwar schon gehört, aber die Realität war dann doch ziemlich »umwerfend«. So lag ich denn auch vor der ersten Regatta ziemlich elend, sozusagen mit voller Hose, hinter dem Clubhaus auf der Wiese, denn eine Regatta bei sechs Beaufort hatte ich noch nie gesegelt. Dies hatte einer der Club-Oberen wohl gesehen und mir ohne weiteren Erklärungen ein Wasserglas voll Whisky zu trinken gegeben, und der tat mir und meinem angeschlagenen Magen so gut, dass ich ziemlich hemmungslos lossegelte und auf Anhieb die erste Regatta mit großem Abstand gewann. Hinterher erfuhr ich, dass mein Wohltäter ein Oberst der Reserve und wohl ein rechter Haudegen war.

Wir, mein Vater, der mich begleitete, und ich, waren von der Schweiz und den Schweizern mit ihrer warmherzigen Gastfreundschaft hell begeistert, was zu weiteren Besuchen dieses schönen Landes führte. So war ich zwei Jahre später wieder dort mit Marianne, meiner Frau, die sich, während ich segelte, mit der Frau eines meiner heftigsten Konkurrenten anfreundete. Einige Wochen darauf waren wir in deren für uns märchenhaftem Haus am Zürichsee eingeladen und konnten feststellen, dass die O-Jolle meines Seglerfreundes nur so eine Art Beiboot für ihn war und er hauptsächlich mit seinem »Sechser« regattierte, einer für meine Vorstellungen der absoluten Luxusklasse angehörenden Rennyacht. Es versteht sich fast von selbst, dass in ihrem Bootshaus auch noch ein schnelles Motorboot der Marke »Riva« stand.

Die etwas ungleiche Freundschaft hielt denn auch nicht lange, wir konnten und wollten da nicht mithalten.

Deutlich weniger angenehm war einige Jahre später ein Aufenthalt in Aalsmeer in Holland, wo es um die prominenteste Trophäe in meiner Klasse, um die „Goldene O-Jolle“ ging. Ich fand mich in einem internationalen Feld von ca. fünfzig Teilnehmern, aber auch in einem Land wieder, das uns Deutschen nicht freundlich gesonnen war, was die mitgereiste Familie und auch ich in vielen Dingen zu spüren bekam. Die inzwischen vergangenen zwanzig Jahre seit Kriegsende hatten noch nicht ausgereicht, die tiefen Wunden zu heilen, die dieser Krieg geschlagen hat.

Die sich über eine ganze Woche hinziehende Wettfahrtserie endete zu allem Überfluss auch noch bei meinem »Papillon« mit einem Mastbruch. In einer Werft fand sich im Gerümpel zwar noch ein Relikt aus besseren Zeiten, aber mit der in sich völlig verdrehten Holzstange als Mast war kein Blumentopf zu gewinnen, sodass in der Summe die leidvollen Erfahrungen dieser Reise die angenehmen deutlich überragen.

Nach diesem ziemlich unrühmlichen Ende unseres Familienausflugs wurde uns klar, dass die O-Jolle nicht mehr das richtige Boot für uns war, und zwar nicht wegen des ausgebliebenen Erfolgs, sondern wegen des Familienwachstums. Die Zeit, wo wir die beiden Ältesten im Oberteil des Kinderwagens einfach mitnehmen konnten, war endgültig vorbei; und auch wir Eltern waren es leid, an den Wochenenden eine Regatta-Ehe zu führen, sie mit den Kindern zuhause, ich irgendwo auf einem See. Die Lösung dieses Problems hieß »Korsar«, also ein etwas größeres Boot, eine sogenannte Zweimann-Jolle. Im Unterschied zur O-Jolle waren zum Segeln jetzt also mindestens zwei Mann erforderlich, und diese hatten mit Großsegel, Fock und Spinnaker drei Segel zu bedienen. Und als besondere Attraktion kam noch das Trapezsegeln dazu, was etwas später beschrieben wird. Regattatechnisch bedeutete dieser Wechsel den Einstieg in das Segeln mit Mannschaft, auch wenn sie nur aus einem Mann bestand. Der hatte aber alle Hände voll zu tun, da er sowohl für das Vorsegel (Fock) als auch das bauchige und meist farbige Vorwindsegel (Spinnaker oder auch Ballon genannt) verantwortlich war und gleichzeitig auch noch Trapezkünstler sein musste. Einen solchen fand ich in dem spanischen Allroundmann Joaquin, der die gleiche Leidenschaft für das Segeln wie ich und daneben auch noch eine Menge Erfahrung und ein ausgeprägtes Experimentiertalent mitbrachte. Und nicht zu vergessen: er brachte den Geschmack vom Meer nach Steinebach, denn er lebte zuvor in San Sebastian in Nordspanien und hatte dort schon reichlich Segelerfahrungen im Altantik gewonnen. Er sprach fließend deutsch, da er eine deutsche Mutter hatte, studierte in München so ein bisschen herum, wobei ihm seine verschiedenen Hobbys wohl wichtiger als ein rascher Studienabschluss waren. Sein einziger Mangel war seine notorische Unpünktlichkeit, die mich manchmal fast zur Verzweiflung brachte. Fairerweise ist allerdings zu sagen, dass ich genau das Gegenteil darstellte, denn sowohl als Ministrant als auch im Beruf lernte ich nach der Devise*: pünktlich ist schon zu spät* zu leben.

Einige Jahre segelten wir also mehr oder minder erfolgreich auf den bayerischen Seen und hatten unseren Spaß dabei. Daneben forderte aber auch die Familie in zunehmendem Maß ihren Tribut und die Anzahl der von uns besuchten Regatten hatte demgemäß eine deutlich abnehmende Tendenz; von einem gemeinsamen Training konnte ohnehin keine Rede sein. Obwohl diese Tendenz langsam aber sicher gegen Null ging, werden wir Freund Joaquin noch einige Male begegnen.

Noch eine letzte Regatta möchte ich kurz schildern, da sie noch in die Zeit der Wanderjahre fällt und ein sehr gutes Beispiel dafür bietet, was so alles passieren kann. Ich nenne die Geschichte gern »das Lied von den vier kleinen Seglerlein«.

In diesem einen Fall war ich ausnahmsweise nicht der Steuermann, denn ich hatte bei einem Freund meines spanischen Freundes, Olaf H., angeheuert, der in Bregenz am Bodensee einen »Nationalen 45er« segelte, also ein Kielboot mit einer Segelfläche am Wind von 45 m² (im Vergleich: die O-Jolle hat ein 10 m² großes

Segel). Also sowohl vom See wie vom Segel her war das eine recht beachtliche Steigerung. Und es sollte gleich um die bedeutendste Regatta am Bodensee, die sogenannte »Rundum« gehen. Das ist eine für alle Klassen offene Regatta, deren Kurs von einem Seeende zum anderen und wieder zurück führt, an der gut und gerne 100 und mehr Teilnehmer auch in der Nacht durchsegeln. Das jedenfalls ist die Regel, wir aber bildeten die Ausnahme zur Regel.

Wir, das hieß Olaf, der Steuermann, (dieser wird übrigens unter Seglern auch Skipper aber nie Kapitän genannt), dann Joaquin und ich, die Jollensegler, und noch ein Quereinsteiger, dessen Namen ich vergessen habe, der aber doch großen Eindruck auf uns machte, denn er war Trainer der Olympia-Schwimm-Mannschaft von Ceylon, ein Mann, der vor Kraft kaum laufen konnte, wie man so sagt. Vom Segeln hatte er allerdings nicht viel Ahnung.

Die Regatta sollte am Abend vor Lindau gestartet werden, aber wegen eines heftigen Föhnsturms, der mit bis 8, in Spitzen 9 Beaufort aus dem Rheintal herausfauchte, wurde daraus nichts. Also Start-Verschiebung auf den nächsten Morgen, 6 Uhr.

Der Wind hatte über Nacht auf 5 bis 6 Windstärken abgenommen und es konnte gestartet werden; allerdings war der Seegang noch recht ruppig. Nach dem Start: Kreuzkurs gegen den Wind. Wir legten uns gehörig ins Zeug, genauer: Wir saßen auf der Bordkante und lehnten uns mit unseren Oberkörpern gegen den Wind. Da dieser aber in seiner Beständigkeit ständig wechselt, ist der Begriff »lehnen« recht trügerisch; man muss sich schon irgendwo gut festhalten, um nicht über Bord zu fallen. Unser Schwimmtrainer mit seinem wuchtigen, gut durchtrainierten Körper schien das alles nichts auszumachen, er legte sich ganz besonders ins Zeug. In seinem Fall war das Zeug, an dem er sich festhalten konnte, die Kurbel der Fockwinsch. Was er aber nicht wusste: Dieser Hebel hat auf der Unterseite einen kleinen Sperrmechanismus, mit dem die Kurbel in der Winsch (Winde) arretiert wird. Und so kam es, wie es kommen musste: Plötzlich saßen nur noch drei kleine Seglerlein auf der Bordkante, der vierte Mann war samt Kurbel in den brodelnden Fluten versunken. Er hatte eine der schlimmsten Todsünden begangen, die man auf einem Schiff begehen kann: Er hatte sich von Bord begeben, ohne sich vorher ordnungsgemäß beim Skipper abzumelden.

Trotzdem war sein unbo(o)tmäßiges Verschwinden schon wegen des für einen Schwimmer katastrophalen Startsprungs nicht unbemerkt geblieben und reflexartig brüllte der Steuermann zunächst das einzig richtige Kommando: *Mann über Bord!* Und kurz darauf: *Klar zur Halse!* Na ja, zum Glück kann der Kerl wenigstens schwimmen, dachte ich und beeilte mich, die Fockschot auf der Leeseite der Plicht von der Winsch zu nehmen.

Hier sollte ich zum besseren Verständnis einschieben, dass so eine elegante Rennyacht, die für das Segeln auf Binnengewässern gebaut ist, über keinen »Gartenzaun«, wie man die Reling unter Seglern gern nennt, unterwegs ist und auch über keine Fußgurten verfügt, wie das bei den modernen Jollen der Fall ist. Und wenn sich dann das einzige Schiffsteil, an dem man sich festhalten zu können glaubt, als mobil erweist, ist das soeben geschilderte Geschehen ein absolut monokausaler und unvermeidlicher Ablauf. Im Vorgriff auf das Folgende will ich auch noch bemerken, dass bei den rassigen Rennern, wie wir ihn augenblicklich unter den Füßen hatten, das Großsegel und damit auch der Großbaum sehr weit auf das Deck heruntergetrimmt ist, also zwischen Baum und Deck ein nur geringer Abstand besteht. Und daran war nun ich nicht gewohnt.

Das mit der sofortigen Wende steht richtigerweise in allen Lehrbüchern, wobei es dem Steuermann überlassen ist, ob er gegen den Wind oder mit dem Wind wendet, also im letzteren Fall: halst. Zu beachten ist aber, dass das Schiff, das wenden will, das nur tun kann, wenn es damit kein anderes Segelboot in Gefahr bringt – das ist oberstes Gebot und gilt auch, wenn ein Mann über Bord gegangen ist. Um so mehr hat der Schiffsführer sofort dafür zu sorgen, dass ein Mann seiner Crew den schnell achteraus treibenden Überbordgefallenen unter allen Umständen im Auge behält. Da ich mit der Fock beschäftigt war, sollte das Joaquin besorgen. Doch es kam anders und es kam hart.

Nach den Regeln der Kunst wird eine Halse mit dem Fieren (Losgeben) des Großsegels eingeleitet, was der Skipper auch tat. Aufgrund des immer noch starken Windes knallte der Baum sofort schnell und heftig von hinten gegen meinen Hinterkopf, dessen Spielraum zum Ausweichen nach vorne aber, wie schon gesagt, durch die Kante des Decks sehr begrenzt war, sodass es zu einem Doppelschlag kam: von hinten der Baum, von vorne die Bordwand. Wochenlang sah ich danach aus wie ein arg verprügelter Boxer; Veilchen ist dafür eine sehr euphemistische Bezeichnung.

Zunächst aber war es schwarz um mich geworden, ich konnte soeben noch in die Kajüte torkeln und auf die Kojenbank sinken. *So waren's nur noch zwei.*

Die Dramatik des Geschehens hatte aber noch eine weitere unvorhergesehene Folge: Sie schlug meinem Freund Joaquin so kategorisch auf den Darm, dass auch er, um im Bilde zu bleiben: die Segel streichen musste, denn der innere Drang war offenbar stärker als alles Pflichtbewusstsein; und so blieb nur noch ein kleines Seglerlein übrig.

Derweilen schwamm unser vierter Mann irgendwo im Wasser, noch dazu zwischen einer großen Anzahl anderer kreuzender Yachten. Das aber war, wie er uns später zum Glück noch erzählen konnte, nicht das Problem, das ihm Todesangst bereitete, sondern das aufgewühlte fliegende Wasser, an dem er fast erstickt wäre: Er bekam kaum noch Luft und war froh, dass ihn eines der Schiffe an Bord nahm und ihn, den Schwimmtrainer, so vor dem Ertrinken bewahrte.

Es ist wohl fast überflüssig zu sagen, dass die Regatta für uns mit diesen Vorfällen auf »Pfeil«, so der Name des Schiffes von Olaf, beendet wurde und wir kleinlaut nach Hause fuhren, aber doch glücklich, als wir von einem Begleitfahrzeug hörten, dass unser Mitsegler wohlbehalten gerettet worden war.

Dass mit dem Korsar nicht nur Regatten gesegelt wurden, ergibt sich aus der Tatsache, dass ein Besuch unseres Dorados für unsere

Freunde auch deshalb so beliebt war, weil neben dem Baden und all den sommerlichen Vergnügungen am Wasser eben auch ein kleines Segelabenteuer dazugehörte, wie etwa die Umrundung der Insel, aber auch schon einmal eine richtige Sturmfahrt vor oder nach einem Gewitter. Hiervon handelt meine nächste Geschichte, in der ich auch beschreiben will, was ein Fockaffe ist und was er zu tun hat.

Auf dem Wörthsee begann das Segeln mit Mannschaft, die freilich erst einmal aus einem Mann, Vorschoter oder auch »Fockaffe« genannt, bestand. Fock ist das Vorsegel und Schot die Leine, mit dem dieses bedient wird; Affe meint, dass der Vorschoter bei Manövern so behände wie unsere nächsten Verwandten im Tierreich im Boot herumturnen muss.

Mein Fockaffe war Ulf M. und er hing im Trapez (das ist ein von der Mastspitze bis zur Höhe des Decks herunterhängender Draht, an dem der Affe an dem Trapezgurt, den er um die Hüfte trägt, gehalten wird, wenn er sich, mit den Füßen auf der Bordkante stehend, vom Deck ins Bodenlose hinaus abstößt). Wir segelten gerade bei einem Gewitter auf dem Wörthsee, als plötzlich ein Bolzen an der Aufhängung des Ruders (Steuer) brach, das ganze Ruder sich vom Boot löste und das Boot somit steuerlos war. Was aber ist ein Steuermann ohne ein Steuer? Die Antwort auf diese hier nur rhetorisch gestellte Frage gab unser Steuermann durch seine ihn selbst verblüffende Tat: Er sprang ins Wasser, um das im Untergehen befindliche Steuer zu bergen. Der Affe hatte inzwischen instinktiv die Lage erfasst und sich, eben affengleich, zurück ins Boot geschwungen, wo er auf weitere Anweisungen seines (hinterher schwimmenden) Kapitäns wartete. Dieser, sich selbst an das gerettete Ruder klammernd, rief ihm einige Befehle zu, die bezweckten, dass der jetzt ganz auf sich gestellte Vorschoter durch Back- Stellen (gegen den Wind stellen) der Fock eine Halse (Wende vor dem Wind) einleitete und durch Dichtholen der Fock auf dem neuen Bug wieder genau zu seinem schwimmenden Kapitän zurückkam. Wer Segler ist und dieses Manöver schon einmal versucht hat, weiß, dass es auch dem Könner kaum gelingt, aber

Ulf, sonst seglerisch noch weitgehend unbeleckt, schaffte es mit seinem sechsten oder gar siebten Sinn und der Unterstützung von allen verfügbaren Schutzengeln. Der Kapitän betrat triefend wieder sein Schiff (wobei »betrat« eine dem Kapitän gegenüber geschuldete reine Höflichkeitsform darstellt und mit der Realität wenig zu tun hat) und die immer noch steuerlose Fahrt konnte bis ans Ufer mittels Trimmen der Segel weitergehen. Dort allerdings war das Latein der beiden auch beendet und man sah sie den Rest des Heimwegs, selbst im Wasser watend und das Boot hinter sich herziehend, sozusagen zu Fuß abschreiten. Das ist leichter gesagt als getan, denn auf diesem Weg waren so manche Hürden in Gestalt langer Badestege aufgestellt, die jeweils seewärts umgangen werden mussten, was oft ein Vollbad bis zum Halse bedeutete.

Die beiden werden uns später wieder begegnen, wie sie in Formentera gemeinsam erheblichen Schaden an »Tom Dooly III« nach einer nächtlichen Havarie zu beheben versuchen.

Bevor wir den Wörthsee verlassen, erscheint es mir an der Zeit, dich, lieber Leser, mit einem grundlegenden Gesetz für das Leben auf dem Wasser bekannt zu machen, das in vollem Umfang auch für mich zutreffen sollte: das Gesetz vom ständigen Wachstum. Seine Grundlage ist die Erkenntnis, die wohl jeder ernsthafte Segler macht, nämlich, dass jedes Boot grundsätzlich immer einen Meter zu klein ist. Die Allgemeingültigkeit dieses Gesetzes lässt sich besonders schön bei jeder Bootsmesse überprüfen, denn jeder Käufer eines Schiffes, der schon eines besitzt oder besessen hat, kauft so gut wie immer ein größeres, weil seines eben um den berühmten Meter zu klein ist. Nun, es können durchaus auch mehrere Meter sein, die dem alten Schiff fehlen; aber äußerst selten kauft jemand ein neues Boot, weil das alte zu groß ist. Ich habe diese Erfahrung mehrere Male am eigenen Leib gemacht und kann das durch das »Wachstum« meiner sieben Schiffe im Lauf der Jahre von fünf Metern auf fast fünfzehn Metern beweisen. Das letzte war mit »Balimena« auch das größte; danach war Schluss.

In meinem Fall brachte dieses Gesetz aber auch einen »circulus vitiosus« zur Wirkung: Das größere Boot erzwang auch ein neues Revier, anders ausgedrückt, größeres Schiff, Gewässer zu klein, größeres Gewässer, Schiff zu klein.

Vornehmlich gilt das Gesetz, wenn das Schiff gleichzeitig die Funktion des Schneckenhauses übernehmen soll, es also zum Wohnen und Schlafen für eine längere Zeit dienen muss. Und das auch noch für eine wachsende Familie. Die unsere war inzwischen auf sechs Köpfe angewachsen, außerdem brauchte meine Frau nach ihrer schweren Tumor-Operation schon einen festeren Boden unter den Füßen, wenn ich sie überhaupt noch auf das Wasser locken wollte.

Und so kauften wir Ende 1971 auf der Messe in Friedrichshafen unser erstes Dickschiff, in Bayern auch »Häuselschiff« genannt, so eine Art schwimmenden Wohnwagen mit Kajüte, Kojen, Kochgelegenheit, Klo und neben den Segeln zur Fortbewegung auch noch ein kleines Motörchen. Ein solches Schiff ist zwar nicht unbedingt für die See gebaut, aber man kann! Unser Neptun 22 ist ein robustes Ding, es liegt auch heute noch in der Marina Bernried am Starnberger See und erfreut seine jetzigen Besitzer, wohl schon die fünften oder sechsten nach uns. Und dass es schon einmal den Golf von Neapel durchpflügt hat, ist ihm nicht anzusehen, es sei denn, man besäße die Gabe, auf dem Gesicht eines kleinen Plastik-Dampfers so etwas wie Stolz erkennen zu können.

Mit seinen sechs Metern achtzig war unser Neptun für den Wörthsee eigentlich schon zu groß. Nicht dass der gleich über die Ufer getreten wäre, als wir unseren »Tom Dooly« zu Wasser ließen, aber irgendwie war so ein Häuselschiff fehl am Platz, wo wir doch ein richtiges Häusel am See hatten und darin viel besser schlafen und wohnen konnten als in so einer Nussschale. Diagnose: Schiff zu groß, See zu klein – mit der Folge: Abschied vom Wörthsee.

Den Wirkmechanismus, der hinter diesem Gesetz steht, hat ein Crew-Mitglied, Peter F., der Bordastronom in unserer Männer-

Crew, in einem wunderschönen Märchen beschrieben und bei meinem sechzigsten Geburtstag vorgetragen.

Ich denke, es hat hier seinen wohlverdienten Platz.

Fisherman's friends
Oder:
»Der Fischer un' sine Crew«

Es war einmal ein Fischer und sine Crew, sie befuhren jahrein, jahraus auf einem kleinen oder doch ziemlich kleinen Pott das große Meer, das gleich hinter den großen Bergen beginnt und bis an den Rand der Wüste reicht. Der Fischer fuhr, so oft es seine knapp bemessene Zeit erlaubte, zum Hafen und verschönerte und reparierte sein Schiffchen und sorgte so auf alle erdenkliche Weise für die Erhaltung von dessen Bausubstanz. Eines Tages fiel ihm dabei ein Schraubenschlüssel aus der Hand, und, weil er sich gerade außenbords aufgehalten hatte, direkt ins Hafenwasser. Da saß er nun und versuchte mit seiner Angel das Unglück aus der Welt zu schaffen.

Als er sich so nach Kräften abmühte, ging die Angel auf Grund, und als sie der Fischer heraufzog holte er einen großen Buttfisch heraus.

»Hör mal, Fischer, ich bitte dich, lass mich leben!«, sagte der Butt, »ich bin ein verwunschener Prinz, lass mich wieder schwimmen!«

»Nun«, sagte der Fischer, »du brauchst nicht so viele Worte zu machen. Einen Butt, der sprechen kann, hätt' ich doch wohl schwimmen lassen. Außerdem habe ich einen veritablen Sportangler in meiner Crew, der Tag für Tag ganz andere Kaliber an Bord zieht, als du einer bist.«

Damit setzte er ihn wieder ins klare Wasser, stand auf, ging zu seiner Crew und erzählte ihr, was er erlebt hatte.

»Hast du dir denn nichts von dem Butt gewünscht?«, fragte der Bordzahlmeister, dem nichts mehr am Herzen lag, als die ihm anvertraute Bordkasse zu füllen, denn es gab immer wieder einen unerwarteten und leider nur allzu oft einen leicht vorhersagbaren Grund, deren Inhalt einem der an Land an den günstigsten Plätzen postierten Zubehör- und Ersatzteilbeschaffern oder Mechanikern

für ihre Leistungen übergeben zu müssen.

»Nun,« sagte der Fischer, und dies entsprach seiner eher uneigennützigen Wesensart, »was hätte ich mir denn wünschen sollen?«

»Ach«, sagte der Steuermann, »es ist doch schlimm, dass wir auf einem solch kleinen Pott umherfahren und jeden gefangenen Fisch einzeln anlanden müssen, geh' doch mal hin und wünsch uns ein richtiges Schiff mit zwei Masten und fünf Kojen und einer Hundekoje und einem funktionierenden Abtritt und elektrischem Strom, der fließt, wann immer er gebraucht wird. Du hast den Fisch doch wieder schwimmen lassen, da erfüllt er dir diesen Wunsch bestimmt.«

Der Fischer wollte nicht so recht, aber er wollte seiner Crew auch nicht widersprechen und ging zurück ans Meer.

Als er dort ankam, war das Wasser ganz gelb und grün und gar nicht mehr so klar, und ein wenig davon spiegelte sich auch in den Gesichtern der zurück gebliebenen Crew. Und der Stermann sagte: »Na, wat dat woll werden soll«. Und der Bordingenieur schaute sorgenvoll auf den Luftfilter, weil dem Motor mit einmal so warm wurde, und der Bordornithologe stand im Niedergang und schaute den Mondfischen nach. Und der Bordzahlmeister ließ noch schnell ein paar Scheine über das Wasser flattern, die am Vorabend von einem pflichtbewussten Kellner mit dem Hinweis auf die Unverhältnismäßigkeit des überhöhten Trinkgeldaufkommens zurückgewiesen worden waren. Und die liebreizende Bordjungfer machte sich in einer Art Übersprunghandlung über die Backschaft her, und der Bordastronom, der doch mit der täglichen Vorhersage des bevorstehenden Sonnenuntergangs seine kärgliche Heuer verdiente, fand dafür in all der aufkommenden Unruhe keine rechte Beachtung. Und nur die Fischersfrau stand am Ruder in Erwartung der Kommandos.

Der Fischer stellte sich auf den Steg und rief:

»Mantje, Mantje Timpe Te,
Buttje, Buttje in der See,
mine Crew tut was sie will

Und will nit so, wie ich man will !«

Da kam der Butt angeschwommen und sagte: »Na, was will sie denn?«

»Ach«, sagte der Mann, »ich hatte dich doch gefangen. Jetzt sagt meine Crew, ich hätte mir was wünschen sollen. Sie mag nicht mehr im kleinen Pott zur See fahren, sie will ein richtiges Schiff haben.«

»Geh mal hin«, sagte der Butt, »sie hat es schon«.

Da ging der Fischer hin, und richtig, da lag im Real Club Nautico, zwar ziemlich weit hinten, aber noch gut zu Fuß erreichbar, ein richtiges Schiff.

»Sieh mal, das ist doch nun viel hübscher«, sagte seine Crew wie aus einem Munde. Da war ein schöner Salon mit vielen lustig klingenden Gläsern und fünf Kojen und einer Hundekoje und einem anfangs gut funktionierenden Abtritt und Strom, so viel die kreuz und quer geschalteten Batterien der Lichtmaschine nur abluchsen konnten.

So gingen wohl einige Jahre ins Meer, da sagte die Crew:

»Mann, das Schiff wird zu eng, wir wollen mit einem größeren fahren. Sieh doch, wir müssen die Segel immer noch von Hand setzen und das Reffen fällt so schwer, und so viele elektrischen Leitungen ziehen von irgendwo nach nirgendwo und so viele Löcher haben wir dafür bohren müssen, dass das Schiff ein rechter elektrifizierter Schweizerkäse geworden ist – und der Abtritt weist nun doch einige leichte Mängel auf. Geh' hin zum Butt!«

»Ach«, sagte der Fischer, »der Butt hat uns gerade erst das schmucke Schiff gegeben. Ich mag nicht schon wieder kommen, das könnte den Butt ärgern.«

»Ach was«, sagte die Crew, »geh' nur hin!«

Da ging der Mann hin mit schwerem Herzen, weil seine Crew ein größeres Schiff haben wollte.

Als er ans Meer kam, war die Flut ganz violett und das Wasser brodelte von unten herauf – fast so wie auf Formentera anno '84, als Käptn's Dinner so nachhaltig vom Winde verweht worden war. Und der Steuermann verkroch sich in der Bilge, gerade beim Rio-

cha-Vorrat, und der Bordingenieur notierte sich dies und so manches andere auf Din A 16 Zettelchen, damit er daheim auch minutiös Rechenschaft ablegen konnte. Und der Bordzahlmeister zählte – wie er meinte – ein letztes Mal die Peseten und teilte sie in zwei gleich große Teile: den einen für die abendliche Zeche, den anderen für das Trinkgeld. Und die liebreizende Bordjungfer sprang in die Hundekoje, die gerade frei war. Und der Bordornithologe verließ nun zum ersten Male seit Wochen den Niedergang, um noch ein einziges Mal in seinem Leben das gelbe im Auge des selten gewordenen Schmutzgeiers zu erblicken. Und der Bordastronom flüchtete sich in die Wanten und wandte den Blick hilfesuchend zum Himmelsgewölbe, ob er nicht einen Stern fände, an den er sich hätte klammern können.

Nur die Fischersfrau stand am Ruder in Erwartung weiterer Kommandos.

Der Fischer ging auf den Steg und rief:

» Mantje, Mantje, Timpe Te,
Buttje, Buttje in der See
Mine Crew tut, was sie will
Und will nie so, wie ich man will.«

«Na , was will sie denn?«, fragte der Butt.

»Meine Crew will ein größeres Schiff.«

»Geh mal hin, sie hat es schon«, sagte der Butt.

Als der Fischer zur Marina kam, lag dort ein richtiges Dickschiff mit Bugstrahlruder und automatischer Reffeinrichtung und zwei Ankerwinschen und einem großen Salon und einem anfangs richtig funktionierenden Abtritt und einer veritablen Achterkajüte und vielen Ersatzkeilriemen und einem Kompass, der sich blitzschnell in jede gewünschte Richtung drehte, wann immer eine genaue Kursanzeige von ihm verlangt wurde und vielen weiteren tollen Extras.

So gingen wohl einige Jahre übers Meer und die Crew ließ sich's wohl sein in all dem Luxus, sodass sie gar kein rechtes Verlangen mehr nach langen Törns verspürte und viel lieber an ihrem Liegeplatz am anderen Ende der Welt lag und dies und jenes reparierte;

dabei kam sie jedoch nicht nur ins Trans- sondern auch ins Konspirieren und so trat die Crew denn eines Tages vor den Fischer und sprach:

»Sieh, Fischer, nach all den Jahren ist uns das Fahren und Reparieren zusammengenommen doch zu mühselig geworden; geh' zum Butt und bitte ihn um ein nettes kleines Schiffchen, ohne Motor, ohne Hydraulik, ohne Bugstrahlruder und mit einem Außenabtritt und ohne elektrischen Strom.«

Da ging der Fischer leichten Herzens zum Strand und dachte bei sich: »das ist gut, da wird sich der Butt freuen.«

Und als er zum Strand kam, da war das Meer spiegelglatt wie eine gerade gespülte Silberplatte von Käfers Partydienst und die Crew fiel in einen tiefen traum- und windlosen Schlaf und die Fischersfrau ließ das Ruder fahren.

Und er rief:

»Mantje, Mantje, Timpe Te,
Buttje, Buttje in der See,
Mine Crew tut, was ich will,
und will genau, was ich wohl will.«

»Na, was will sie denn, Deine Crew?«, fragte der Butt.

»Meine Crew will ein kleineres Schiff!«, sagte der Fischer.

Da sagte der Butt – und sah dabei gar nicht heiter aus: »Den Wunsch kann ich dir nicht erfüllen« – und versank in den Fluten.

So kam es, dass der Fischer und seine Crew noch heute um eine Felseninsel im großen mittelländischen Meer fahren, wenn sie nicht gerade einen neuen Keilriemen aufziehen.

4. Kapitel

»Mare nostrum«

Auf dem Weg zum Mittelmeer

Nun ja, so ganz auf direktem Weg ging es nicht zum Mittelmeer.

Ich bin zwar davon überzeugt, dass uns Bayern, so weit wir nicht unseren schönen Bergen verfallen sind, doch auch schon eine leise Sehnsucht nach dem *mare nostrum* in die Wiege gelegt ist. Im Winter darf es ja ruhig kalt sein, denn was wäre Wintersport ohne Schnee? Aber Kälte beim Segeln, das ist für mich schlicht abschreckend; mich hat es immer in den Süden gezogen. Ziemlich spät in meiner Skipper-Karriere erhielt ich das durchaus reizvolle Angebot, ein Segelboot nach Spitzbergen zu überführen, aber als ich las, dass dort auch im Sommer mit Schneestürmen gerechnet werden muss, war die Sache für mich gestorben.

Zunächst sollte ich aber die Frage, die ich bei dir, lieber Leser, als vorhanden unterstelle, zu beantworten versuchen: Warum habt ihr das Paradies verlassen?

Im Grunde ist das ja eigentlich eine theologische Frage.

Also, wenn ich damals in der Schule richtig aufgepasst habe, war der Auszug von Adam und Eva aus dem Paradies keine Vertreibung, wie das oft so dargestellt wird, sondern eine freie Entscheidung unserer Ahnen; der Engel mit dem Flammenschwert kam erst später, um sie nicht mehr hineinzulassen.

So ähnlich war das auch bei uns. Sicher, es wäre relativ einfach zu sagen, es sei die Krankheit und ihre Folgen bei Marianne gewesen. Richtiger aber ist, dass die alte Schlange auch uns weisgemacht hat, dass es außerhalb unseres Paradieses noch so viel anderes Schönes zu entdecken gäbe und das Paradies doch eigentlich ein bisschen langweilig sei. Aber besonders waren es unsere Kinder, die älteren vornehmlich, die plötzlich nicht mehr so viel Lust hatten, am Wochenende mit nach Steinebach zu kommen, und lieber ihren eigenen Interessen nachgingen. Außerdem zeigten sich an unserem Paradies auch einige Webfehler, so etwa, dass wir darin eigentlich nur die Hausmeister waren und nach fast jedem Wochenende alle Hände voll zu tun hatten, um die Spuren, die unsere Gäste hinterlassen hatten, zu beseitigen. Aber wir konnten doch auch keine Tafel aufstellen: »Paradies wegen Überfüllung geschlossen!«

Wie immer, wenn man ein etwas schlechtes Gewissen hat, ließen sich noch manche weiteren Gründe aufzählen, von denen ich aber nur noch einen nennen will: der *nervus rerum.* Ein Grundstück am See war Ende der sechziger Jahre so gut wie nicht mehr zu bekommen, noch dazu in Stadtnähe. Entsprechend waren die Preise reine Liebhaberpreise. Die Steigerung in den 36 Jahren, seit meine Eltern es noch vor dem zweiten Weltkrieg gekauft hatten, kann ich als schlechter Mathematiker kaum ausrechnen, es geht in das Hundertfache.

Habt ihr das denn nötig gehabt?, höre ich dich fragen. Ja, wir hatten, ganz einfach. Weiter will ich auf das Thema hier nicht eingehen, denn das ist eine lange und nicht besonders heitere Geschichte.

Übrigens dachten wir damals überhaupt noch nicht ans Mittelmeer.

Ich kann allerdings nicht leugnen, dass ich jedem neu auf den Markt kommenden Buch vom oder über das Segeln nachjagte, speziell den Berichten von Weltumseglern, die damals schon Konjunktur hatten. Und irgendwo in meinen kühnsten Träumen dachte ich auch selbst daran, einmal einer zu werden, vor allem, wenn wieder einmal der triste Alltag einfach zum Heulen und Weglaufen war. Ich habe den Spruch sicher nicht geprägt, aber er könnte auch von mir sein: reif für die Insel. Aber nein, das wäre unzutreffend;

ich rechnete ganz sicher nicht in der Währung Inseln, sondern ich dachte doch mehr in den Kategorien endlose Weite, Abenteuer und Selbstbestimmung. Mein Hobby »Inselsammeln« ergab sich später mehr im Zuge der Gelegenheit, sozusagen als die kleine Münze des großen Abenteuers.

Vorläufig ging es ohnehin nicht um Inseln, sondern um Liegeplätze. Der Zufall wollte es, dass der erste, der sich anbot, die gerade eröffnete neue Marina in Bernried am Starnberger See war. Dort lag unsere »Tom Dooly« für zwei Jahre; wir ahnten damals nicht, dass unser Sohn Stephan dort einmal Werftchef werden sollte, noch viel weniger, dass wir gegen Ende unseres Lebens dorthin umziehen würden. Immerhin war der See von der Größe her unserem Neptun so in etwa angemessen, aber nach meinem Geschmack war er doch etwas mondän und vor allem notorisch übervoll. Was Wunder, dass sich unsere Gedanken doch mit ferneren Zielen beschäftigten; die Wanderjahre konnten ja durchaus noch weitergehen und waren ohne Regattabetrieb ja auch noch viel reizvoller!

Das hatten wir gleich im ersten Jahr mit Tom Dooly schon erfolgreich getestet, indem wir unser Schneckenhaus noch am Wörthsee auf den Hänger gehievt und an den Bodensee transportiert hatten. Insgesamt vier Wochen hatten wir den ganzen See kennengelernt mit der Erkenntnis, auf alle Fälle wiederkommen zu wollen. Das geschah später auch, allerdings anders, als wir uns das vorgestellt hatten.

Irgendwo im Hinterkopf gab es aber noch verwegenere Gedanken, doch kann ich beim besten Willen nicht sagen, wie sie da hingekommen sind. Plötzlich war die Idee geboren: Ferien machen, wo es am schönsten ist, also im sonnigen Italien, gar am Golf von Neapel, und das zusammen mit den Freunden Heidi und Dietrich L. und ihrer Tochter Astrid, in einer Pension in dem kleinen Ort Marina del Cantone, und, weil Neapel am Meer liegt, das Ganze mit einem Schnuppertörn im Golf verbinden.

Und der Plan wurde in die Tat umgesetzt.

Der Golf von Neapel und italienischer Whisky

»Sieh Neapel und stirb«, diesen Spruch zitierte man früher gern, wenn etwas ganz besonders schön war, so schön, dass man danach ruhig sterben könne, denn das Schönste hatte das Leben einem ja schon geboten.

Auf unserem Schnuppertörn im Golf von Neapel haben wir zwar von Neapel selbst nicht viel gesehen, aber doch sein vermutlich Schönstes: die fantastische Lage unter dem gemächlich vor sich hin schmauchenden Vesuv, die vorgelagerten Inseln Capri, Procida und Ischia, eben alles, was den Golf weltberühmt gemacht hat, und das bei einer leichten warmen Nachtbrise mit wundervollem Sternenhimmel und der schier unendlichen Perlenkette der Fischerboote, und als Dreingabe gar noch ein prachtvolles Meeresleuchten. Da braucht einem dann niemand mehr den oben erwähnten Satz zu erklären!

Dieses großartige Erlebnis hatten wir zusammen mit unseren Kindern Veronica und Stephan sowie mit Dietrich L. und seiner Tochter Astrid, fast schon am Ende des Pfingsttörns. Davor lag eine Woche »Segeln pur« auf Tom Dooly I mit Joaquin bis weit hinaus auf dem für mich ungewohnten Meer bis Ventotene, eine Insel, die man manchmal von Ischia aus bei besonders sichtigem Wetter im Westen liegen sieht. Die Römer haben die Insel bei ihren Eroberungen offenbar als Stützpunkt benützt, man sieht noch recht gut erhaltene Hafenanlagen. Damals lag über allem nur der Zauber der vergangenen Geschichte und Tom Dooly war weit und breit das einzige Schiff, das die scheinbar vergessene Insel angesteuert hatte. Vermutlich hat sich das inzwischen gewaltig geändert, und vermutlich nicht zu seinem Vorteil.

Ein bemerkenswerter Vorfall, und zwar gleich in doppelter Auflage, war bei dieser Reise das Verschwinden eines Mitseglers: Einmal war es Stephan, der sich im Beiboot sitzend nachschleppen ließ und ohne vorherige Abmeldung rückwärts von Bord gegangen war. Zum Glück hatte es Dietrich gesehen und so konnten wir ihn schnell wieder auffischen. Der andere Verlust ereignete sich im Hafen von Amalfi und es ging um Freund Joaquin. Er hatte mit einer schönen Römerin, die auf dem luxuriösen Nachbarschiff offenbar unter Einsamkeit litt, zu flirten begonnen und war plötzlich die Nacht über verschwunden, um auf dem Nachbarschiff den feurigen Spanier zu spielen, was ich ihm, ehrlich gesagt, gar nicht zugetraut hätte.

Das denkwürdigste Erlebnis dieser Reise stand uns da noch bevor.

Wir hatten bereits die Rückreise angetreten, Marianne und Veronica zum Flugplatz in Neapel gebracht und dann zu zweit, Stephan und ich, die lange Fahrt mit der schweren Last auf dem Anhänger nach Hause angetreten. Noch auf dem Lastwagen-Parkplatz außerhalb Neapels hatte mir einer der Fahrer gestenreich zwei Flaschen angeblich besten schottischen Whiskys aufgedrängt, und zwar zu einem Spottpreis, da es sich um unverzollte Ware handele. Ich legte die Flaschen irgendwo unter den Sitz und vergaß sie.

Unterwegs hatte ich zunehmend Probleme mit dem Schaltgetriebe meines Wagens, einem nagelneuen Ford Granada, den ich wegen der bevorstehenden Schiffstransporte mit einem Drei-Liter-Motor hatte ausstatten lassen. Von Mal zu Mal krachte es beim Schalten immer stärker und dann ging gar nichts mehr. Das Ganze ereignete sich ausgerechnet in einem der vielen Tunnels und es gab einen beträchtlichen Auflauf, bis uns ein Abschleppfahrzeug von der Autostrada herunterholte. Die Nacht über schliefen wir in unserem Schiff, das der Einfachheit halber gleich mit über die Montagegrube in einer Autowerkstatt gezogen worden war.

Kein Getriebeöl mehr!, stellte der Mechaniker am nächsten Morgen fest. Offenbar war die Dichtung in der Ölablass-Schraube vergessen worden und so konnte sich das Öl im Lauf der Zeit verflüchtigen. Mit neuem Öl schien es tatsächlich wieder zu gehen, aber schon nach wenigen Kilometern stellte sich heraus, dass die Hoffnung trügerisch war. Ich entschloss mich, den Wagen um die schwere Anhängerlast zu erleichtern, steuerte die nächste Tankstelle an und bat, das Schiff für ein paar Stunden dort stehen lassen zu können, um den Wagen bei der Ford-Vertretung im nahen Bologna reparieren zu lassen. Der freundliche Tankstellen-Besitzer half uns noch, das Schiff an einen geeigneten Platz zu bugsieren und versprach, es im Auge zu behalten. Mit einem *»si, si, va bene, no problema«* verabschiedete mich der freundliche Tankwart.

Noch vielleicht zwanzig Kilometer bis Bologna, und das nur im dritten Gang, denn Schalten war nicht mehr möglich. Aber es ging. Doch die Werkstatt war geschlossen; ach ja, Samstag! Es blieb uns nichts anderes übrig, als den Wagen dort stehen zu lassen und mit dem Zug nach Hause zu fahren. Deprimierend, die Situation!

Am Montagmorgen, wieder im Büro, bat ich einen gut italienisch sprechenden Kollegen, für mich in Bologna anzurufen und erfuhr nach einigen Stunden, dass mein Wagen nicht repariert werden könne und man ein neues Getriebe aus England einfliegen lassen müsse. Das würde sicher zwei bis drei Wochen in Anspruch nehmen.

Jetzt galt es, die Telefonnummer der Tankstelle an der Autostrada herauszubekommen, um den Leuten dort zu sagen, dass ich mein Schiff erst in etwa drei Wochen abholen könne. Das war gar nicht so einfach, denn ich wusste nur, dass es eine Agip-Tankstelle war, aber ich wusste weder den Namen noch eine Kilometer-Angabe. In der deutschen Agip-Zentrale gab man mir schließlich eine Nummer, und zwar die der ersten Agip-Tankstelle hinter Bologna in Richtung Süden. Also rief mein Kollege dort an und erklärte die Lage. Der wieder sehr freundliche Mann am Telefon sagte nur wieder: *»Si, si, va bene, no problema.«* Gott-sei-Dank!

Die Reparatur dauerte dann doch fünf Wochen, sodass ich mich genötigt sah, der Tankstelle ein weiteres Mal telefonisch Bescheid zu geben. Doch diesmal war nichts mit si, si und va bene, man sagte schlicht, es gebe an der ganzen Tankstelle keine »barca di vela«. Mir fiel das Herz in die Hose. Sollten doch die recht haben, die sagten: Wie kann man nur in Italien ein Schiff, noch dazu unversperrt, an einer Tankstelle an der Autostrada stehen lassen, *»das ist inzwischen sicher längst über alle Berge«*. Die Fahrt mit dem

Zug zurück nach Bologna war ein einziger Alb- und Alptraum.

Morgens mietete ich gleich ein Auto und fuhr damit die Strecke zurück gen Süden, wo nach kurzer Zeit die erste Agip-Tankstelle auftauchte. Und tatsächlich, mein Schiff samt Anhänger war weit und breit nicht zu sehen. Aber hatte »meine« Tankstelle nicht etwas anders ausgesehen? Der Platz, wo wir Tom Dooly hinbugsiert hatten, existierte ja gar nicht! Also weiter die Autosstrada entlang in Richtung Süden. Nach etwa zehn Kilometern kam wieder eine Agip-Tankstelle, und dort stand tatsächlich mein Tom Dooly, zwar etwas von herab fallenden Blüten eines Obstbaums verunziert, sonst aber wohlbehalten. Ich hätte dem netten Tankwart um den Hals fallen mögen! So weit ich konnte, erklärte ich ihm die Lage, und da war auch wieder sein lachendes *»si, si«* und *»no problema«,* als ob nichts gewesen wäre.

Eine Woche später konnte ich dann endlich mit meinem wieder reparierten Wagen mein Schiff abholen. Voll Freude gab ich meinem »amigo« ein kräftiges Trinkgeld und schenkte ihm außerdem eine der in Neapel gekauften Flaschen Whisky.

Erst einige Wochen oder gar Monate später holte ich die zweite Flasche Whisky aus dem Keller, um eine besondere Gelegenheit würdig zu begießen. Doch der Inhalt der gut verschlossenen und professionell mit Siegellack und Banderole verzierten Flasche roch ausgesprochen unappetitlich und erwies sich als verschimmeltes Teewasser oder gar noch Schlimmeres.

Jetzt frage ich mich wirklich, was hat wohl mein »amigo« hinter Bologna gedacht, als er den Betrug entdeckt hat: Ob er wohl den biederen Deutschen verdächtigte oder doch seine eigenen Landsleute von der Mafia? Schade, ich werde es wohl nie erfahren.

Trotzdem: Wenn ich einmal die Rückreise mit ihren diversen Hindernissen ausklammere, war der Schnuppertörn doch so nach »mehr Meer« verlangend, dass ich mich seither auf festem Boden immer etwas wie ein verhinderter Seemann vorkam. Um das auch nach außen zu dokumentieren, habe ich beschlossen, den inzwischen gewachsenen Vollbart weiter zu tragen und obendrein auch noch Pfeife zu rauchen. Mein damaliger Chef, Herr v. Frankenberg, kommentierte zwar leicht entrüstet, ich müsse wohl jede Mode mitmachen, aber das ertrug ich mannhaft oder sagen wir besser: »seemannhaft«.

Bodensee, internationales Gewässer

Du wirst, lieber Leser, sicher schon ahnen, was jetzt kommt. Der Schnuppertörn auf dem *mare nostrum* setzte ein weiteres Mal den berühmten circulus vitiosus mit der Erkenntnis in Schwung: Schiff für dieses Revier zu klein, und zwar deutlich!

Allerdings dachten wir damals noch nicht daran, uns am Mittelmeer einzunisten, besser vielleicht: anzudocken. Aber zurück zum Starnberger See, das kam auch nicht in Frage. Doch auch für den Bodensee, dem wir ja unsere Rückkehr fest versprochen hatten, wären so zwei, drei Meter mehr Schiff schon angemessen gewesen. Darin waren wir uns absolut einig; ist ja immerhin mit seinen drei Landeshoheitsgrenzen ein internationales Gewässer. Das neue Schiff habe ich dann allein auf der Messe in Friedrichshafen bestellt, denn meine liebe Marianne lag zu der Zeit im Marienhospital in Stuttgart wegen Nachbesserungsarbeiten am halbseitig gelähmten Gesicht. Ihren Segen gab es hinterher aber trotzdem. Es wurde unser erstes Kielboot, vornehm auch Yacht genannt: eine »Zigeunerin«, denn das bedeutet der Name *Gitana,* den die österreichische Werft *Schöchl* am Mattsee ihrem ersten Dickschiff gegeben hat. Dazu lieferte sie auch noch ein ungemein wichtiges *sur plus* dazu, das bei den auf allen segelbaren Gewässern immer stärker anwachsenden Bootsflotten inzwischen zu einer Mangelware geworden war: einen Liegeplatz, und zwar im Bregenzer Sportboothafen. Fast zwei Meter größer als unser Neptun war jetzt Platz für die ganze Familie, nur die Farbe hatte überraschend von grün zu rot gewechselt, was aber kein entscheidender Konstruktionsfehler von *Schöchl* war. Die Takelung bestand aus Großsegel, Fock und Spinnaker, der Motor war ein 10-PS-Einbaudiesel. Neben einem Bordklo (damals noch ohne Fäkalientank, was sehr verwunderlich ist, denn immerhin bezieht ganz Stuttgart sein Trinkwasser aus dem Bodensee) hatte Tom Dooly II eine Pantry mit Spüle und Kühlschrank sowie einige nautische Instrumente wie Echolot, Meilenzähler usw. und vor allem auch eine Badeleiter und ein

Sonnensegel aufzuweisen.

So ausgestattet schipperten wir zwei Jahre lang auf und ab und hin und her.

Darin liegt einer der großen Reize des Bodensees: Die Kulisse wechselt ständig und ist überall von erlesener Schönheit, die vielen kleinen und auch großen Orte reihen sich an allen Ufern wie die Perlen einer Perlenkette auf, alle haben mindestens einen kleinen Hafen, in dem es meist auch ein paar Gästeliegeplätze gibt, daneben oder fast daneben auch so gut wie immer ein gediegenes Wirtshaus, immer mit Fisch aus dem See und zahlreichen einheimischen Spezialitäten auf der Speisekarte, und nicht zu vergessen mit köstlichem Wein, oft sogar aus eigenem Anbau. Und ganz wichtig: Überall wird die gleiche Sprache gesprochen, wenn auch mit nicht unerheblichen »dialektischen« Abwandlungen.

Von den vielen Sehenswürdigkeiten rund um den See soll in diesem Rahmen gar nicht gesprochen werden, dazu gibt es ja Beschreibungen in reichem Maße.

Ach ja, Inseln hat der Bodensee auch, und beide sind weltbekannt und lohnen einen Besuch allemal: Mainau, die Blumeninsel, und Reichenau die Gemüseinsel; ich empfinde letztere, das »klösterliche Gottesreich der Benediktiner«, unbedingt als die interessantere.

Besonders reizvoll ist auch der Untersee. Allerdings muss man in Konstanz erst den Mast legen, um unter der Straßenbrücke durchfahren zu können.

Gegen den Bodensee sprechen aus unserer Erfahrung eigentlich nur seine vielen Flauten und die lange Anreise, wenn man in München wohnt.

1976 war es dann soweit, dass wir den endgültigen Sprung zum Mittelmeer mit Tom Dooly II wagten. Den Anstoß dazu hatte uns ein etwas älteres Ehepaar (aus unserer damaligen Sicht) gegeben, die mit ihrem Segelboot einmal im Hafen von Rorschach am Schweizer Ufer des Bodensees neben uns lagen. Wir unterhielten uns erst von Schiff zu Schiff und wurden dann, wie das so üblich ist, auf ein Glas Wein an Bord geladen. Marianne und ich bekamen heiße Ohren, als wir hörten, dass unsere Nachbarn gerade mit ihrem Schiff von einem mehrjährigen Mittelmeer-Aufenthalt zum Bodensee zurückgekehrt waren. *»Was, und das in dem Alter und auch noch alleine?«* Das haben wir sicher nicht ganz so deutlich ausgesprochen, aber doch gedacht. *»Yes, we can«*, würde man heute wohl sagen.

Den Winter über gab es nur ein Thema: Wo wird unser nächster Liegeplatz am Mittelmeer sein? Es wurden Handbücher und Karten studiert, der DSV um Rat gefragt und Joaquin einbezogen, denn ohne ihn würde es nicht gehen. Heraus kam dabei, dass die Häfen im nördlichen Italien und an der Côte d'Azur erstens hoffnungslos überbelegt und zweitens exorbitant teuer seien, aber ein Stück hinter Marseilles eine ganze Reihe von Marinas »de Plaisants« im Entstehen begriffen sei, wo noch jede Menge und vor allem auch noch preiswerte Plätze zu vergeben seien.

Na ja, so weit wollten wir ja eigentlich noch gar nicht, aber die schöne (und in den druckfrischen Prospekten noch weit schöner fotografierte) Lage in einer wundervollen Landschaft und die Tatsache, dass sich Joaquin in einem Hafen dicht an der spanischen Grenze gut um unser Schiff kümmern könne, gab dann den Ausschlag: Wir unterschrieben einen Mietvertrag in Port Camargues, ohne den Hafen überhaupt je gesehen zu haben.

Immerhin beschlossen wir, die Perlen der Côte d'Azur nicht einfach links liegen zu lassen, sondern an ihnen wenigstens vorbei zu defilieren. Als Ausgangs- und gleichzeitig Einwasserungshafen wählten wir deshalb den italienischen Sportboothafen Arenzano in der Nähe von Genua.

Entlang der Perlenkette

Ein Logbuch hat seemännisch gesehen eigentlich nur den Zweck, den jeweiligen Standort des Schiffes nachvollziehbar feststellen zu können. Das geschieht in erster Linie durch Fortschreibung (Koppeln) von Kurs und Geschwindigkeit und in Küstennähe durch Peilen von Landmarken. So lernt es der Segelschüler.

Es hat aber auch den unschätzbaren Vorteil, dass auf der Seite »Tagesereignisse« wesentliche Vorkommnisse, Beobachtungen und eventuell auch Gedanken über das Erlebte niedergeschrieben werden können, je nach Geschmack des Bordbuchschreibers; in dieser Beziehung ist nichts festgelegt. Doch ist festgelegt, dass Bordbücher wichtige Dokumente sind, die auch nach Beendigung der Reise aufbewahrt werden müssen, um vor allem nach Havarien zur Klärung des Vorgefallenen herangezogen werden zu können.

Ich habe mich gern daran gehalten und besitze alle meine Logbücher noch und habe so die Möglichkeit, die Notizen als Stütze des leider im Alter immer stärker nachlassenden Erinnerungsvermögens zu verwenden. So kann ich anhand des Logbuchs so manches Erlebnis wieder aus der Versenkung hervorholen, das sonst unter dem Staub der nun schon fast fünfunddreißig Jahre verloren wäre.

Ich will unsere Überführungsfahrt nach Südfrankreich doch etwas ausführlicher schildern, da sie ja unsere erste große Seereise auf eigenem Kiel darstellt und außerdem aus der Aneinanderreihung der schönsten und berühmtesten Orte der Riviera wie auf einer Perlenschnur besteht.

Arenzano ist ein malerisches kleines Städtchen, das unter anderem auch eine deutsche Segelschule beherbergt, wo man sicher mit ortskundiger Hilfe rechnen konnte. Es ist nicht ganz einfach, zu entscheiden, ob man in der Gegenwarts- oder in der Vergangenheitsform schreiben soll; vieles wird auch heute noch so sein wie damals, noch mehr aber wird sich mehr oder weniger stark geändert haben. Ich hoffe, ein Segler, der die Strecke heute in unserem Kielwasser fahren wollte, würde z.B. Arenzano auch jetzt noch malerisch nennen, ob er es aber noch als ein kleines Örtchen bezeichnen würde, scheint mir schon fraglicher. Und ob es das »Müttererholungsheim« noch gibt, in dem wir zu Abend gegessen haben, ist mehr als zweifelhaft. Wichtig war für uns der Leiter der deutschen Segelschule, der allgemein nur Leo genannt wurde, obwohl er eigentlich Friedhelm de Schmidt hieß und sich als ein früherer Kollege von unserem Schauspielerfreund Herbert Kromann entpuppte. Mit seiner Hilfe lag Tom Dooly II abends aufgeriggt und über die Toppen geflaggt im Hafen, erstmals in seinem neuen, das heißt jetzt »salzigen« Element. Grund zum Feiern, was mit Leo und einigen der Segelschüler auch ausgiebig geschehen ist.

Unser Start am nächsten Morgen verlief recht holprig, was mit der Zecherei am Abend nicht unbedingt etwas zu tun hatte. Es lag an den anderen …

Erst einmal bekam ich kein »Costituto«, die in Italien vorgeschriebene Erlaubnis zum Befahren der Gewässer, weil, wie es im Logbuch vermerkt ist, der Hafenkommandant *»noch keine Lust hatte«*. Dann bekam ich nur zwanzig Liter Diesel statt der bestellten vierzig und schließlich verkündete der Wetterbericht ein ausgedehntes Hoch von England bis Russland. Also Sonne, Sonne und nochmals Sonne, aber damit eben auch keinen oder nicht viel Wind.

Außerdem stellte sich heraus, dass die Crew, die aus Marianne und mir sowie Sohn Stephan (15), Gerlinde und Joaquin bestand, nicht so harmonierte, wie ich mir das gewünscht hätte. Joaquin war noch in der Nacht ins Hotel umgezogen, weil Stephan für seine empfindlichen Ohren zu laut geschnarcht hatte. Und als wir dann gegen elf Uhr auf See waren, war zwar wie erwartet kein Wind, aber eine lausige Dünung, die allen, aber vor allem Gerlinde schwer zu schaffen machte. *»Ich habe Sorge, ob wir die Überfahrt schaffen, und nehme mir vor, ganz brav in Küstennähe zu bleiben und die Tagesdistanz ganz bescheiden anzusetzen.«* So steht es im

Logbuch. Auch Segeln ist nicht immer nur Vergnügen, und die Segelschüler, die uns beim Ablegen in Arenzano vielleicht ein wenig neidisch nachgewinkt haben, hatten vorläufig zu Neid keinen Anlass. Mit dem einsetzenden leichten Wind besserte sich unsere Stimmung, aber wir hatten nach fast sechs Stunden erst vierzehn Seemeilen geschafft. Mit Motor reichte es bis zum Abend gerade noch bis Alassio, wo wir zwischen zwei dicken Motoryachten noch ein Plätzchen fanden; wir meinten, dort gut geschützt zu liegen, doch das stellt sich in der Nacht als Irrtum heraus, als plötzlich der Wind erwachte und in kräftigen Böen von den Bergen herabfauchte. Da unser Anker nicht hielt, vertäuten wir uns an dem dicken Holländer an Steuerbord, dessen Skipper schon beim Abendessen im Clublokal mit Gerlinde anzubandeln versucht hatte und gern die Gelegenheit wahrnahm, uns zu helfen. Die Nacht war sehr unruhig und Joaquin zog wieder in ein Hotel.

»Morgens, nach Erledigung der Morgentoilette (gewöhnungsbedürftig, da nur Stehklos vorhanden) und problemloser Abfertigung von der Hafenbehörde, wehen immer noch kräftige Böen und wir fahren mit klopfenden Herzen hinaus in die aufgewühlte See. Doch der Wind hat inzwischen auf fünf Beaufort nachgelassen und es wird ein prächtiges Segeln! Erste Versuche mit dem Autopiloten. Joaquin bekommt das Ding tatsächlich hin und es arbeitet recht ordentlich. Beste Stimmung an Bord. Der Skipper serviert einen Campari mit Sekt, auch für Rasmus. Nanne hat am ersten Tag auf See zu viel Sonne erwischt und muss sich wie eine Haremsdame verhüllen ...«

Die nächste Perle zur Rechten ist Monte Carlo, das wir natürlich besuchen. Bei der Einfahrt in den Hafen setzen wir die Flagge Q, um dem Zoll zu signalisieren, dass wir aus dem Ausland kommen; schon vorher hatten wir die italienische gegen die französische Gastlandflagge ausgetauscht, denn wir waren jetzt ja in Frankreich. Doch niemand interessiert sich für den überkorrekten Deutschen in seinem Winzling. Gegen die schwimmenden Paläste, von denen der Hafen voll ist, kommen wir uns auch als fast nicht existent vor, machen aber unbeleidigt eben irgendwo in einer kleinen Lücke zwischen zwei Großen fest. Es hat eben auch seine Vorteile, klein zu sein, da kann man sich notfalls auch noch eine Lücke erzwingen. *»Abendessen in der Altstadt beim Schloss. Gerlinde lebt auf, man spricht französisch und es gibt auch noch eine Creperie! Ruhige Nacht, Joaquin schläft in der Backskiste.*

Nach opulentem Frühstück Aufbruch (ohne Joaquin) zum Meeres-Aquarium. Unterwegs Schuhe für Madam und Schraubenschlüssel für meuternden Joaquin gekauft. Aquarium ist sehr eindrucksvoll. Erschöpft zurück an Bord. Mittagessen. Auslaufen gestaltet sich schwierig, da Anker nicht hochzubekommen ist. Erst nach langem Hin und Her stelle ich fest, dass sich eine an einer Boje hängende Festmacherleine mit unserer Ankerkette vertörnt hat. Dramatische Minuten, bis die Wuling bereinigt ist. Total erledigt, als wir endlich den Anker an Bord haben.«

Ich beschreibe diese drei Tage anhand der Logbuchaufzeichnungen bewusst so ausführlich, um so einen Eindruck vom Auf und Ab des ach so schönen Seglerlebens zu vermitteln.

Weiter geht es vorbei an der Perle Nizza, die wir aber nur von fern schimmern sehen, bis wir am Abend im Hafen von Antibes festmachen. Es ist ein riesiges Becken, in dem bestimmt einige hundert Schiffe liegen, modern ausgebaut und mit sehr kompetentem und hilfsbereitem Personal, von dem uns sofort ein Liegeplatz zugewiesen wird. Als wir am nächsten Morgen, Pfingstsamstag, aber beim Zoll um die Ausstellung des immer noch fehlenden »Passeport« für unser Schiff bitten, erhalten wir zwar einen langen Fragebogen, dann aber die Auskunft, dass der Zoll jetzt schließe und wir erst am Dienstag das Papier zusammen mit unserem Schiffszertifikat bekommen könnten und solange den Hafen nicht verlassen dürften. Irgendwie gelingt es uns, wenigstens die eigenen Dokumente wieder zurückzuerhalten. Auf eigenes Risiko segeln wir trotzdem los und verschieben die Zollaktion auf Dienstag, denn einen so langen Aufenthalt können wir uns bei der knapp bemessenen Zeit einfach nicht erlauben, mag Antibes auch noch so reizvoll sein.

Cannes, das wir am Abend erreichen, bietet uns Platz im Port Pierre Canto, von dem es aber ziemlich weit in die Altstadt von Cannes ist. In dem Pfingsttrubel müssen wir froh sein, überhaupt noch bei einem Italiener einen Platz zu bekommen und müssen nach dem Essen im Regen zu unseren Schiff zurück laufen. Weitere Besichtigung entfällt deshalb.

Die nächste Perle ist noch etwas dicker als die anderen, und sie steht für den Pfingstsonntag. Übertragen auf den „glorreichen Rosenkranz“ müsste es also die Perle sein: *»der uns den heiligen Geist gesandt hat«.*

Und auch der Verkehr ist entsprechend dick! Am Golf de la Napoule geht es zu wie am Stachus. Und lauter Volkswagen! Marianne meint, die vielen Zweimaster seien wohl hier so etwas wie bei uns ein einfacher Volkswagen. Na ja, es ist ja auch nicht weit nach St. Tropez, wo sich die Schönen und Reichen ein Stell-dichein geben. Aber auch wir, weder das eine noch das andere, finden dort am Abend einen Platz. Hübsch ist es schon sehr, das kleine ehemalige Fischerdörfchen, gar nicht mondän, vielleicht so wie Schwabing vor sechzig Jahren. Und man sieht – wie damals auch dort – die verrücktesten Typen in den verrücktesten Aufzügen. Die Restaurants sind voll, aber es geht trotzdem immer noch etwas, wenn man nur Geduld hat, und es gibt ja so viel zu schauen! Das wirklich Lästige sind eigentlich nur die vielen Straßenmusikanten, die ständig zum Kassieren kommen. *»Wundervoller Abend«* sagt das Logbuch.

Der nächste Tag ist Badetag; es ist der erste wirklich schöne Sommertag.

»Abends in Port Grimaud. Erwerben einen 4 PS Johnson Beiboot-Motor, ohne den man in den Kanälen des künstlichen Fi-

scherdorfs für die Superreichen nicht viel anfangen kann. Aber wirklich gelungen ist diese ganze Retorten- Anlage.«

Über das etwas charakterlose Cavalaire laufen wir am nächsten Tag nach Le Lavendou, wo wir endlich offiziell in Frankreich beim Zoll einklarieren können. Am nächsten Tag geht es weiter bis zur Insel Porquerolles, die uns besonders gut gefallen hat, allerdings erst, wenn am Abend die Tagesgäste weg sind. Wieder sagt das Logbuch:

»Wunderbarer Abend.

Am nächsten Tag überrascht uns Nebel, Sicht kaum 200 Meter. Komme mir vor wie ein Einhandsegler, da alle anderen schlafen. Treffe alle Vorsichtsmaßnahmen (Radarreflektor, Horn, Notsignale). Keine Begegnung. Abends in Sporthafen von Ciotat vertäut.«

Auch die Franzosen haben offenbar Pfingstferien, denn die gerühmten Schönheiten der Gegend sind überfüllt, so etwa die Calanques, die Buchten in den weißen Felsen, das Wasser ist fast zu schmutzig zum Baden, oben in den Felsen hängt ein Autowrack, es ist wirklich nicht einladend. Ein Stück weiter finden wir aber dann doch noch Stille und Einsamkeit (relativ!) in der Naturbucht Port Miou; *»Vollmondnacht, großes Essen vom Grill an Bord und guter Wein«* steht im Logbuch. Der Friede an Bord ist übrigens gerettet, da Marianne und ich inzwischen auf dem abgesenkten Salontisch schlafen, wodurch Joaquin die Vorschiffskoje für sich allein hat.

Der Sonntag ist dann fast ein Albtraum, vermutlich das, was einen Segler heute, also dreißig Jahre später, als normal erwartet: Am Abend fahren »gefühlte« tausend Schiffe gleichzeitig auf die enge Einfahrt in den Port Vieux von Marseilles zu, um in einem dichten Schiffskorso ihre Liegeplätze in dem großen Hafen anzusteuern. Die wenigen Gäste-Liegeplätze sind schon belegt und wir finden mit Mühe und Not (tatsächlich, denn wir können kaum von Bord gehen) noch einen Platz in der zweiten Reihe.

Damit ist der erste Teil unserer Reise geschafft, denn Joaquin muss uns leider hier verlassen. Abschiedsessen in einer Hafenkneipe mit der berühmten Marseillaisser Bouillabaise, eine köstliche »Schweinerei« auf Fischbasis (und viel Knoblauch, Rouille genannt).

Am Morgen Abschied von Joaquin mit Frühstück in einer Bar. Besuch der Fischhalle. Große Thunfische. Kommen erst gegen Mittag los und fahren nur bis Carro, dem letzten Fischerhafen vor dem Golf von Fos. Der Golf ist berüchtigt, denn wenn Mistral aus der Rhonemündung weht, ist dort die Hölle los. Doch wir haben Glück: Als wir mit den Fischern morgens um 04.30 Uhr aufbrechen, ist zwar der Himmel bedeckt, die See aber glatt wie ein Ententeich. Es gilt eine Strecke von etwa 25 Seemeilen ohne Landsicht, es ist auch sehr dunstig, zu überbrücken. Alle fünf Seemeilen markiert eine Tonne den Kurs. Es ist anfangs sehr spannend, ob so nach fünfzig Minuten diese Tonne auch in Sicht kommt, aber wir müssen nicht suchen: Wir können alle Tonnen problemlos abhaken, wäre ja auch eine Blamage, bei glatter See und Fahrt unter Motor!

Vorbei an Sainte Maries de la mer, segeln wir schon am Nachmittag hinein in den Hafen von P. Camarque. Damit ist die Überfahrt glücklich beendet und wir vertäuen Tom Dooly II an seinem neuen Liegeplatz, den wir allem Anschein nach gut gewählt haben. Dann geht's mit Leihauto die Strecke an der Côte d'Azur zurück bis Arenzano, wo wir ins eigene Auto umsteigen und damit noch am selben Tag um Mitternacht etwas erschöpft von der langen Fahrt, aber überglücklich über die erfolgreiche Bewältigung aller See- und auch Land-Abenteuer in München ankommen.

Na ja, »Salzbuckel« waren wir damit noch keine, aber doch schon auf bestem Weg, es zu werden. Das Abenteuer »Blauwassersegeln« sollte uns nicht mehr loslassen.

Den Mittel- und gleichzeitig Höhepunkt dieser Abenteuer bildeten die »Männertörns«, die sich für viele Jahre als eine feste Einrichtung etablierten, an der unter allen Umständen festgehalten wurde und von denen ich im übernächsten Kapitel erzählen will.

Zuvor aber soll uns das Element beschäftigen, das uns ja unser Leben auf und mit ihm erst ermöglicht: das Wasser.

5. Kapitel

Unterwasser-Welt
oder
»Wunder: Wasser-Welt«

Wie kann man dem Thema »Wasser« wenigstens ansatzweise gerecht werden?

Diese Frage beschäftigt mich nun schon seit einigen Nächten. Ja, Nächte, denn meine kreative Phase ist eben in der Nacht, so etwa um die Zeit des Wachwechsels zwischen Hundewache und Morgenwache; davon wird später noch die Rede sein.

Fangen wir mit der Binsenweisheit an, dass Wasser unerschöpflich ist, jedenfalls wenn man auf ihm unterwegs ist. Das Stichwort unerschöpflich kommt einem jedenfalls in den Sinn, wenn man, etwa an einem windstillen Tag, im Bugkorb des Schiffes sitzt und »den Jockel« zusammen mit »Gustav, dem eisernen Steuermann«, auch Autopilot genannt, die Arbeit machen lässt und sich seinen Gedanken überlässt. Kommst du mit? Ich überlasse dir gern meinen Lieblingsplatz.

Die See liegt wie ein Spiegel vor oder richtiger unter einem. Wenn der Schiffsbug durchs Wasser pflügt, zerbirst der Spiegel für Sekunden und verwandelt sich in eine scheinbar dauernd mitlaufende Kaskade aus Myriaden einzelner Tropfen, die sich kurz aus der ebenfalls scheinbar unlösbaren Verbindung »Wasser« lösen, damit eine eigene Individualität annehmen, hierhin oder dorthin springen, gar die über Bord baumelnden Beine netzen und dann wieder mit ihrem Element verschmelzen. Wenn dann noch helles Sonnenlicht seine Blitze darüber streut, kann man dem Spiel dieser ständigen Verwandlung stundenlang zuschauen. Ein ganz besonderer Effekt ergibt sich dabei, wenn die Sonne hoch am Himmel steht und ihre Strahlen wie ununterbrochen tastende Finger in die dunkelgrüne oder blaue Tiefe sendet, und zwar fokussiert vom Schatten des eigenen Kopfes. Es ist, als ob man plötzlich ein fester Bestandteil in diesem mystischen Naturschauspiel geworden ist, sozusagen gleichzeitig Beobachter und Akteur. Ist das das Geheimnis, von dem die Quanten-Physiker sprechen?

Oder die Gedanken kreisen um all die Bilder vom Wasserkreislauf, die man in sich gesammelt hat, seit man seinen Wirkmechanismus in einer glücklichen Schulstunde verstanden hat. Den Regenboden kannst du übrigens in Miniaturausgabe auch in den Spritzern der Bugwelle finden. Vielleicht hörst du gar mit deinem inneren Ohr als Untermalung die Musik Smetanas dazu, die »Moldau« mit ihrem immer wieder überwältigenden Verschmelzen der zum breiten Strom angewachsenen Moldau in den offenen Armen des Meeres.

Zurückdenkend an die Schule kommt dir vielleicht auch in Erinnerung, wie man zum ersten Mal durch ein Mikroskop die Wunder in einem Wassertropfen sehen durfte.

Nicht selten passiert es auch, dass das Plätschern des Bugs in den Wellen auch ein paar sonnenbadende »fliegende Fische« aufschreckt, die plötzlich mit sirrenden Flügeln ihr Heil in der Flucht suchen und erst nach weitem Flug wieder eintauchen.

All das ist im Glück des Wassers.

Und doch ist das nur die Ouvertüre zu einer Oper, wie sie fantastischer nicht sein könnte, deren Vorhang sich für dich öffnet, wenn du selbst eintauchst in die Wunderwelt unter dem Wasserspiegel. Man muss ja nicht unbedingt Taucher sein, um an dieser Welt teilhaben zu können mit ihrem schier unendlichen Reichtum an Farben und Formen, an Bekanntem aber auch Unbekanntem; eine Tauchbrille und ein Schnorchel reichen als Ausrüstung da schon aus, und die findet sich in der Regel in einer Backskiste jedes Schiffes.

Ein Tauchgang, nennen wir es einmal so hochtrabend, gehört für den Schiffer zum Baden schon obligatorisch dazu, um den Anker zu kontrollieren, ob er sich auch gut eingegraben hat. Wenn dann die Wassertemperatur angenehm ist, dann schnorchelt man eben weiter, zu einem Felsvorsprung oder einem Riff, freut sich über bunte Fischschwärme oder rote Seesterne, taucht vielleicht ein silbern blitzendes Seeohr aus dem Grund oder bewundert das zarte Gebilde einer Qualle mit ihren seltsamen Schwimmbewegungen.

Leider hat sich auch unter Wasser seit unseren ersten Entdeckungsreisen viel verändert, zumindest im Mittelmeer. Hornkorallen waren früher eigentlich überall zu finden, zuletzt waren sie so gut wie ausgestorben. Immer grauer und leerer präsentierten sich die Tauchgründe in den stark befahrenen Gegenden, dafür hatte sich umso mehr Abfall angesammelt, von gedankenlos weggeworfenen Flaschen, Dosen bis zu verheerenden Mengen Plastiktüten. Es ist ein entsetzliches Trauerspiel, was sich da in dreißig Jahren abgespielt hat und immer noch abspielt. Ist das überhaupt je wieder gutzumachen?

Zum schon verloren geglaubten Paradies ist es ein ganzes Stück weiter. Einmal haben wir uns auf die Suche gemacht und haben es tatsächlich auch gefunden, zumindest was die Unterwasserwelt angeht. BVI heißt das Zauberwort, British Virgin Islands, eine kleine Inselgruppe in der Karibik, nicht unbedingt das pralle Leben, wie es auf manch anderen Karibik-Inseln anzutreffen ist, denn die schwarzen Einheimischen haben es offenkundig leid, für den »weißen Mann« den Lakaien zu spielen, und sind dementsprechend missmutig.

Unser Törn im Jahr 1996 war eigentlich nur unter der Wasserlinie ein Erfolg, da freilich ein atemberaubender. Wir hatten einen großen Katamaran gechartert und schipperten zwei Wochen lang von Insel zu Insel. Einen guten Teil der Zeit verbrachten wir schnorchelnd und tauchend in unglaublich reichen Landschaften oder richtiger »Wasserschaften« und wurden Teil einer unbekannten Traumwelt, zwar durch das Fernsehen schon erschlossen, aber eben hautnah und lebendig.

Ich fühle mich ziemlich überfordert, die Eindrücke wiederzugeben, die diese Zauberwelt für uns bereithielt, will aber doch zwei Erlebnisse zu schildern versuchen, die für mich unvergesslich sind.

Wir hatten im Windschatten einer palmenbestandenen, aber unbewohnten »Südsee-Insel« geankert und uns dann den sanften Wellen überlassen, die uns sehr gemächlich an der Oberfläche hin- und herschaukelten. Unter uns herrschte bei etwa vier bis sechs Meter Tiefe ein ungeahntes Gewimmel, dass man nicht wusste, wohin man schauen sollte.

Und dann dies: Vor mir drehte sich plötzlich eine Art Spiralnebel, ein Kreisel aus zigtausenden silbernen Fischen, vielleicht nur einen Handteller groß als einzelner, aber im ganzen eine Wolke von sicher 40 bis 50 Meter Ausdehnung, ein dreidimensionales Gebilde, das seine Form ständig veränderte, aber nicht in Hektik sondern in reiner Harmonie, als ob die Form in jeder Sekunde neu geboren würde, als ob die Fischchen Zellen eines großen neuen Lebewesens seien und von einem Gehirn gesteuert würden. Ist das die zukünftige Form für das Zusammenleben von Individuen, die in der Evolution schon angelegt ist?, dachte ich.

Doch vor meinen Augen hob sich plötzlich der schimmernde Schleier und das Gebilde zerstob ins Nichts, als ob es nie gewesen sei. Ich aber hatte allen Anlass, mir die Augen zu reiben, was natürlich unter der Tauchermaske nicht gegangen wäre, aber in diesem Moment der einzig passende Reflex gewesen wäre, denn dort, wo gerade noch ein unsichtbarer Zauberer sein Fabelwesen tanzen ließ, schwamm langsam und majestätisch ein großer Hai …

Nun, ich habe versprochen, kein Jäger-oder Fischerlatein aufzutischen: Er war vermutlich nicht größer als ich, aber trotzdem flößte er mir gehörig Respekt ein. Ich schlug im Geist in aller Eile noch einmal bei Hans Hass nach, was jetzt zu tun sei, und da ich in der Aufregung die richtige Seite nicht gleich fand, erinnerte ich mich an meine eigene Devise: nur immer ganz ruhig bleiben!

Wir beäugten uns eine Weile, er offenbar mit mäßigem Interesse, ich allerdings doch recht irritiert, und ich trat ganz vorsichtig, damit er in mir nicht doch noch eine fliehende Beute entdecke, den Weg nach hinten an, ohne das Biest aber aus den Augen zu lassen. Dann drehte er mit ein paar lässigen Bewegungen seiner Schwanzflosse, etwas zu arrogant, wie ich ihm das hinterher ankreidete, ab ins tiefere Wasser. Also eine Bestie kann es nicht gewesen sein, vielleicht noch nicht einmal ein Biest, sondern einfach ein Grande in seinem Herrschaftsbereich.

Nun haben wir alle wesentlichen Bestandteile für unser Leben auf dem Wasser beisammen und können in See stechen, ein Ausdruck, den ich, nebenbei bemerkt, als etwas sehr martialisch empfinde angesichts der überwiegend lustvollen Gefühle, die einen dabei überkommen.

Also: Leinen los!

6. Kapitel

»Männertörns«

Die Crew

Bevor es an Bord geht, möchte ich die wichtigsten Mitsegler vorstellen, die in wechselnder Zusammensetzung meine Crew gebildet haben.

Einige davon haben wir ja schon kurz in Aktion erlebt, aber das allein würde ihnen bei weitem nicht gerecht!

Zunächst muss gesagt werden, dass meine Crew-Mitglieder in zwei Gruppen zerfallen, nämlich in eine männliche und eine weibliche. Diese Unterscheidung ist deshalb wichtig, weil es in den ersten Jahren auf See eine Einrichtung gab, die sozusagen sakrosankten Charakter hatte, den »Männertörn«. Mag sein, dass bei Männern, die zur See fahren, eine Jahrhunderte alte Tradition genetisch verankert ist, die in der Meinung gipfelt, dass Frauen an Bord Unglück bringen. Psychologen dürften dagegen darin eher eine Alibi-Funktion erkennen, die bei einem reinen (!) Männertörn mehr Freiheit und Abenteuer verheißt, ja gar so etwas wie die Rückeroberung der Jugend einschließt. Und es sollte nicht verschwiegen werden: Die Männertörns waren tatsächlich bei weitem lockerer und vor allem lustiger als die »gemischten Törns«. Die Tatsache, dass in der Männercrew auch fast immer zwei eingefleischte Junggesellen mitfuhren, dürfte daneben eher von untergeordneter Bedeutung sein, wenn gleich diese besonders intensiv für den Männertörn kämpften.

Daraus wird hoffentlich auch verständlich, dass die folgenden »Auslassungen« über meine Crew-Mitglieder von der Zusammensetzung der Männertörns, die im Kern auch weitgehend immer die gleiche war, bestimmt wird, und zwar streng nach dem bekleideten

»Dienstrang«.

Zum Dienstrang noch eine spezielle Vorbemerkung.

Angenommen, man hätte den Mitgliedern unseres Männertörns abends in einer besseren Spelunke beim Dinieren zugesehen, so hätte man durchaus auf den Gedanken kommen können, die Offiziere eines Vergnügungsschiffes in Zivil vor sich zu haben. Es handelte sich anscheinend um respektable Personen, die sich mit ausgesuchter Höflichkeit behandelten, sich mit »meine Herren« titulierten und durchaus das sein konnten, was sie darzustellen versuchten. Doch wenn man dann Erkundigungen eingezogen hätte, wäre weder ein großer Dampfer vor Anker auf Rede zu sehen gewesen noch eine Schar von Matrosen in allen Kneipen des Orts. Ja, die Herren waren schon mehr oder weniger das, was sie zu sein vorgaben, aber sie waren Häuptlinge ohne Indianer oder Offiziere ohne Mannschaft. Damit soll gesagt sein, dass alles im Grunde ein großes Spiel war, das von Anfang bis Ende mit großer Hingabe gespielt wurde.

So viel zum Thema »Dienstrang«.

Der Kapitän.

In vielen Schiffen findet man an gut sichtbarer Stelle ein Schild, auf dem das oberste Gesetz an Bord verkündet wird; es lautet:

Paragraf eins: Der Kapitän hat immer Recht.

Paragraf zwei: sollte der Kapitän einmal nicht Recht haben, tritt automatisch Paragraf eins in Kraft.

Ein solcher Hinweis auf die Allmacht des Kapitäns war auf keinem meiner Schiffe zu finden, was aber nicht heißt, dass es nicht doch unterschwellig so ähnlich von meiner Crew gesehen wurde. Streit hierüber oder gar Meuterei hat es jedenfalls nie gegeben und auch die mir einmal von Eberhard überreichte geflochtene Peitsche hatte wohl ausschließlich spaßhaften Charakter. Im Übrigen überlasse ich es gerne meinen Mitseglern, selbst den Führungsstil ihres Skippers zu beurteilen.

Allerdings nahm sich der Skipper so manches Sonderrecht heraus; so zog er z.B. die Aufgabe des Smuts (Kochs), dessen Posten meist unbesetzt war, an sich, sofern es nicht gerade einmal »dreistöckigen Wobbel-Burger« oder »Muschelsuppe aus ganzen Muscheln in der Schale«, gab, wofür dann einer aus der Crew verantwortlich zeichnete.

Auch der Navigator (Posten meist unbesetzt) hatte keine ganz leichte Aufgabe, denn der Kapitän glaubte nun einmal alles besser zu können und übernahm eben auch dessen Amt. Und so gab es noch manches, was der Einfachheit halber vom Chef selbst erledigt wurde; die Crew ertrug es jedoch klaglos.

Der erste Offizier.

Der »Eins O«, wie er an Bord kurz genannt wird, war bei allen Männertörns fest vergeben, ohne dass daran jemals jemand gerüttelt hätte: Thomas N. war einfach dazu geboren, konnte alles, wusste alles und war immer zur Stelle, wenn es um die Führung und Sicherheit des Schiffes ging. In Hamburg geboren, Sohn eines Elblotsen, seit Kindesbeinen sommers wie winters auf Elbe und Alster mit der Jolle unterwegs, war eigentlich zu Größerem berufen, etwa zu einer richtigen Kapitänslaufbahn wie seine beiden Brüder, aber es reichte dann doch nur zum »Juristen«. Damals hörten die Söhne noch auf die Mutter, die meinte, zwei Jungen auf See seien schon genug. Dennoch hängt sein Herz auch heute noch am Leben auf dem Wasser – ihn brauchte ich erst gar nicht zu fragen, ob er mitkomme, das stand von Anfang an fest. Und er brachte eine unschätzbare Gabe mit: die Hamburger Frohnatur, und sein Frohsinn war ansteckend! Außerdem war er sich nie für irgendetwas zu schade, war auch Wachführer, Chefeinkäufer und Führer des »Spülmannszugs«, was er selbst in einem Gedicht zu meinem siebzigsten Geburtstag als eine leicht wehmütige Reminiszenz auf unsere Männertörns zum Vortrag brachte. Ich möchte es an den Schluss meiner Betrachtungen über das Leben auf dem Wasser stellen, denn dort passt es am besten hin.

Der erste Ingenieur.

Genau genommen war Rolf H. von Hause aus Kaufmann, aber seine Liebe galt und gilt allem, was sich bewegen lässt, Krach macht und stinkt. Warum er nicht ein genialer Motorentechniker geworden ist, wissen nur die Götter. Sein Reich war jedenfalls bei allen Törns die Bilge und alles, was nach Öl roch, nein, in seiner Nase: duftete.

Er war der erste, der merkte, wenn der Motor »unrund« lief oder der Auspuff zu stark qualmte, und nur er konnte den Anlasser auseinandernehmen, reparieren und wieder zusammensetzen; das gleiche gilt auch für die Waschmaschine oder den Staubsauger. Auch beim Einbau einer neuen Stereo-Anlage oder bei der Verlegung neuer Wasserschläuche verbarg er sein unleugbar vorhandenes Bäuchlein geschickt und kroch in jede noch so enge Backskiste, um das Werk zu vollenden. Ja, selbst bei der Entleerung des Fäkalientanks war er sich nicht zu schade, seine sonst sorgsam gepflegten Hände zu beschmutzen.

Segeln war für ihn dagegen nur von mäßiger Faszination. Rolf hatte auch nicht des Segelns wegen angeheuert, sondern sich ganz bescheiden um einen Platz im Bereich »G/W/S« (Gas, Wasser, Scheiße) beworben. Beim Schwimmen war er, wenn nicht in der ersten, so doch in der zweiten Reihe dabei, und seine reichlich spritzigen Startsprünge, gelegentlich auch als »Arsch-Bomben« verschrien, werden unvergessen bleiben, vor allem wenn er nur mit einem Hut bekleidet in die Fluten sprang.

Nicht zu vergessen, wenn auch aus dem Gesagten leicht zu erraten: Er war auch der Beibootfahrer Nummer eins, und bei ihm sprang der Motor auch immer sofort an. Auch in der Küche betätigte er sich in einigen unbesetzten Nischen, indem er etwa von Zeit zu Zeit einen gigantischen Obstsalat auf den Tisch zauberte.

Ganz wichtig war auch seine fantasievolle Betätigung im Bereich Einkauf, denn er war der einzige, der sich die Freiheit herausnahm, auch nicht vom Skipper Bestelltes einzukaufen; so schleppte er aus dem Fischmarkt die größten »Außenbordskameraden« an, um zu sehen, wie der Smut (siehe oben) damit in der kleinen Kombüse fertig werden würde.

Dass auch das Bordfahrrad hervorragend im Schuss war, wenn Rolf an Bord war, versteht sich am Rande.

Diesem Rolf, als Eins-I der drittwichtigste Mann an Bord, hat Ulf zu seinem sechzigsten Geburtstag eine Hymne gedichtet, die hier nicht fehlen darf.

Für Rolf

An einem Festtag, so wie heute,
versammeln sich stets viele Leute,
wohl weil sie glauben oder hoffen
von dem, den's heute hat getroffen
und der des Festes Hauptperson,
in Lied und Dichtung, Wort und Ton
interne Dinge zu erfahren,
die bisher so bekannt nicht waren.

So will ich denn von unsrem Leben,
welches an Deck und unter Deck

vor fremder Neugier gut versteckt
draußen auf See sich hat begeben,
ein Weniges den Schleier heben.
Freilich nicht alles geb' ich preis,
von alledem, was ich so weiß,
auch wenn es euch vielleicht verdrießt,
und dieses aus dem trift'gen Grund,
dass mir den sangesfreud'gen Mund
das Dienstgeheimnis streng verschließt.

Denn wir sind ja nicht Freunde nur,
wir sind ja auch noch Dienstkollegen
im Dienst der Kehlen und der Mägen,
der hungrigen und durst'gen Crew.
So sieht man uns denn immerzu
im Hafen ziehen unsre Spur
in mancher Stadt in fremdem Land
ausübend das Einkäuferamt.
Uns kennt das halbe Mittelmeer,
wenn voll bepackt mit Lasten schwer,
mit Säcken, Kisten, Tüten, Taschen,
vor allem auch mit vielen Flaschen
und mit Verantwortung im Blick
zum Hafen wanken wir zurück,
so schwer beladen wie ein Kuli,
zu Balimena und Tom Dooly.

Deshalb sind uns auch gut bekannt,
die schönsten Plätz' in jedem Land,
das unser Schiff je angefahren,
die Märkte voll exotischer Waren,
jedoch der besten Kneipen auch,
denn es ist alter Einkaufsbrauch
(gar nicht so gern verrat ich's hier)
vom Wechselgeld ein Gratisbier,

hat er erfüllt die schwere Pflicht,
neide man dem Einkäufer nicht!

Das Bierchen, das er da genießt,
hat ohnehin er schnell gebüßt.
Denn bald darauf schon in der Nacht,
wenn Rolf in seiner Koje schnarcht,
der Motor plötzlich hustet, spuckt.
Der Rolf im Schlaf zusammenzuckt.
Er wühlt das sorgenvolle Haupt
noch tiefer ein, weil er nun glaubt,
nein, weil er schon sicher weiß:
Der Dieselmotor läuft schon heiß.
Er hört's am Rasseln, Schaben, Klopfen:
An Öl hat der nicht einen Tropfen!
»Wer hat ihn denn zuletzt gewartet?«
Mit diesem Schrei der Rolf nun startet,
und wenige Sekunden drauf
taucht er in »Zeche Elend« auf,
ich wollte sagen, darin unter.
Zur gleichen Zeit ist auch schon munter
ein anderer, ratet mal wer …
Es ist Manfried, unser Skipp-er.
Das weiß an Bord der letzte Mohr,
dass stets bei uns'rem Kapitän
beim Törn ein Auge und ein Ohr
im tiefsten Schlaf weit offen stehn.

Und schon hört man die beiden schrei'n:
»Wie kommt denn hier Salzwasser rein!?«
In enger Grube man nun hockt.
Man schraubt, man klopft, man hämmert viel,
doch der Motor zeigt sich verstockt
und rührt nicht einmal ein Ventil.
Sodass am Schluss nichts übrig bleibt,

als dass man sich darauf besinnt,
dass man die brave Segelyacht –
was freilich mangels rechtem Wind
bei tiefer Nacht fast niemand macht –
mit Segeln endlich mal betreibt.

Und so läuft man dann im Mondenschein
im Hafen von Alghero ein,
wobei der Rolf mit starkem Bein
das Schiff abhält von hartem Stein.
Das Weit're wär für meine Feder
zwar reizvoll, doch es weiß ja jeder,
was mit Gaetano und bronzina
uns noch beschert' jene Marina.

Doch meist muss man gar nicht an Land,
denn dem geballten Sachverstand
von Skipper, Stürmann und Eins-I,
gepaart mit Improvisation,
Erfindungsgeist und Fantasie,
gelingt es in der Regel schon,
jedwede Art von Havarie
mit Bordmitteln zu reparieren,...
welche genau zu definieren,
ich doch ein leises Erröten
in mir nicht völlig kann ertöten.
Ich nehme Keilriemendefekt
als Beispiel nur. Zu diesem Zweck
– wer wollt , darob die Nase rümpfen? –
ist von gebrauchten Damenstrümpfen
– zu schwören mach ich mich erbötig –
an Bord fast stets ein Satz vorrätig.

Ich aber, liebe Freunde, meine,
wenn meine Ahnung mich nicht trügt,

dass diesen Dingen irgendeine
Gesetzlichkeit zu Grunde liegt.
Ich sag es euch nicht ohne Bängnis:
Ich glaub, hier waltet ein Verhängnis,
ja, eine dunkle Schicksalsmacht,
die ganz mit Absicht Pannen macht
und, weil dem Rolf sie wohlgesonnen,
ständig sich ausdenkt neue Wonnen
und es partout nicht lassen kann,
was jung am liebsten er getan
ihn auch als Greis zu offerieren: ...
– Motorenzeug zu reparieren.
Das macht er für sein Leben gern,
drum darf er's auch bei jedem Törn.

Und als Tom Dooly störungsfrei,
weil endlich alle Teile neu,
schickt sie, trotz Bitten und Gebeten ...
ein neues Schiff – mit neuen Schäden!

Dann hat man – als Experiment
gewechselt Schiff und Kontinent,
jedoch kaum lag man unter Palmen,
da fing's schon wieder an zu qualmen.
Doch schwarzer Mann mit Rastalocken
kam schnell – gottlob war er noch trocken.

Bis ich beschloss nach langer Zeit,
ich weiß nicht mehr zu welchen Zwecken,
wahrscheinlich war es einfach Neid,
'nen Gegenzauber auszuhecken:
aus bittrem Meeresschneckenfleisch
gekocht, bis selbst die Schalen weich.
Schießpulver hatten sie gefressen,
weil – so fügt' es des Schicksals Spiel –

an Spaniens Bomberübungsziel,
den Columbretes sie gesessen.
Rolf aber hat nicht mitgemacht.
Geflohn war er auf Schiffes Dach,
sodass besagte Schicksalsnacht
ihn deutlich sah, obwohl es Nacht.
Ja, lieber Rolf, nun musst du's leiden
Dass wir dich nächstes Mal verkleiden.
Lass meinethalb 'nen Bart dir wachsen,
lass operieren deine Haxen,
oder was andres in der Art,
das dein Inkognito bewahrt,
sodass sogar das Schicksal denkt:
Rolf grad die Eierkisten schwenkt
Und ist diesmal gar nicht dabei, die andern sind mir einerlei.
Und Baliméne, – ich sag's ganz nackt
kehrt endlich mal zurück intakt.
Kein Wunder, dass bei diesen Sorgen
Und das auch noch bei jedem Törn,
die Haare langsam schütter worden
und täglich immer schütt'rer wern.

Ein langer Vortrag macht Verdruss,
drum komme ich auch bald zum Schluss,
um eure Gunst nicht zu verscherzen.
Ein Wort nur liegt mir noch am Herzen,
das alles das ein wenig mildert,
was ich soeben euch geschildert
an Katastrophen, Stress und Qual.
Grad daraus werden später mal,
wenn sie vom Zahn der Zeit bezwungen,
die köstlichsten Erinnerungen,
und Übertreibung wird geübt,
weil sie dem Vortrag Pfeffer gibt.
Ihr lieben Freund', ich sag euch was:

Letztlich war's doch ein Riesenspaß!

Hier endet die Laudatio.
Mein lieber Rolf, ich bin sehr froh,
dass ich schon bald mit dir und euch
befahren kann Neptuni Reich.

Es sei nur noch ganz kurz verkündet,
was mich dir, Rolf, schon sehr verbindet:
es ist nicht nur, dass du allzeit
mit deiner Welterfahrenheit,
Umsicht und Zuverlässigkeit
für deine Freunde stehst bereit.
Was mir besonders gut gefällt,
das ist – ich sag's mit einem Wort:
sobald der Rolf zur Mannschaft zählt,
dann wohnt ein Lachen mit an Bord
und wir sind dann erst recht gut drauf.

Drum hoffe ich, dass auch im Lauf
der Zeiten, die noch vor uns liegen,
auf vielen See- und Landausflügen
der Rolf ist mit von der Partie.
Es lebe hoch – unser EINS-I!

Der Bord-Ornithologe.

Im wissenschaftlichen Bereich gibt es eine absolut herausragende Figur, was weniger von seiner Körpergröße gesagt ist, wenngleich die auch recht stattlich genannt werden kann, sondern von der Vielfalt seiner Qualitäten. Ulf M., in Heidenheim an der Brenz geboren und somit mit einem guten Schuss schwäbischem Humor ausgestattet, dann in USA zur »Polyglotterie« heranwachsend, konnte sich lange nicht für eine Studienrichtung entscheiden, richtiger: Er studierte zu seiner Freude erst Biologie, dann zu seinem Broterwerb Medizin. Letzteres wurde an Bord kaum wahrgenommen, denn er stürzte sich nicht wie mancher der anderen Ärzte in der Crew auf jeden medizinischen Notfall, dagegen kam sein biologisches Hobby in vollem Umfang zur Geltung, und zwar über und unter Wasser. Über Wasser war Ulf grundsätzlich mit einem Feldstecher bewaffnet, mit dem er vermutlich schon auf die Welt gekommen ist. Diesen handhabte er mit einer affenartigen Geschwindigkeit, sodass er den vorbeifliegenden Vogel schon voll identifiziert und klassifiziert hatte, bevor wir anderen ihn überhaupt mit unbewaffnetem Auge sahen. Dabei ist zu sagen, dass es mit Ulfs Augen nicht zum Besten steht, denn auf dem einen Auge ist die Sehkraft seit langem erheblich eingeschränkt und auf dem anderen inzwischen leider auch nicht mehr sehr viel größer. Doch das Fernglas scheint die Sehschwäche so gut auszugleichen, dass Ulf problemlos in der Lage ist, das Bild des Vogels, das sich offenbar auf seiner Linse eingebrannt hat, anschließend in sein kleines Taschenbüchlein, das er ständig bei sich trägt, einzuzeichnen. Kaum verwunderlich deshalb auch, dass er meist weiß, wo und wann er den gleichen Vogel schon einmal gesehen hat.

Ich erinnere mich, wie unser Bord Orni, wie er liebevoll genannt wurde, einmal auf einer menschenleeren Insel namens Alboran, die kaum jemand kennt, mir unerwartet entgegenkam, weltvergessen nur etwa vorhandenen endemischen Vögeln, Salamandern oder anderem Getier nachspähend, dass ich unwillkürlich an eine Figur wie Old Hobble denken musste, wie ihn Karl May so anschaulich gezeichnet hat.

Unter Wasser nimmt Ulf dagegen die Gestalt eines im Wasser lebenden Geschöpfs an. Er kann stundenlang im noch so kalten Wasser die Welt unter sich beobachten, gelegentlich abtauchen, bis der Rest der seine Luftblasen verfolgenden Crew schon Angst um ihn bekommt, um dann wie Neptun ohne Dreizack irgendeine Beute triumphierend in seiner Hand emporzurecken. Weiß er hingegen, dass er nicht beobachtet wird, dann steckt er seinen Fang einfach in die Badehose, um dann an Bord »auszupacken«. Ein Problem hat Ulf allerdings nie so richtig in den Griff bekommen: die Rötung seines Rückens durch Sonnenbrand. Es ist verbürgt, dass dieses Problem auch daran schuld war, dass er in den Flitterwochen, die er mit seiner gerade angetrauten Frau in Jugoslawien verbrachte, als Hochzeiter weitgehend ausfiel.

Zu Hause in München hatte Ulf ein Aquarium, aber nicht so ein kleines Zimmer-Aquarium mit ein paar Guppys und vielleicht einem Schwertträger, nein, ein riesiges Meeres-Aquarium, das gar nicht in ein einziges Zimmer hineinpasste, es musste die ganze Wand zwischen Küche und Bad herausgenommen werden, dafür konnte man es jetzt von beiden Räumen aus betrachten. Und den Fischbesatz holte sich Ulf unter anderem aus dem Mittelmeer, was allerdings einer logistischen Meisterleistung bedurfte, denn seine Beute musste ja den Transport nach München überstehen. Das sind zwar nur ein paar Stunden Flug, aber die Tiere wurden ja meist schon während des ganzen Törns gefangen, das Wasser in den Spezial-Beuteln musste ständig erneuert werden und die Tiere brauchten darin auch immer wieder eine Sauerstoffzufuhr. Deshalb war Ulf auch ständig mit einer Bombe unterwegs, die er offen in einer geflochtenen Strandtasche mit sich trug, was im Flugzeug schon mal zu Irritationen führte. Als ebenso problematisch erwies sich auch der Transport von lebenden Salamandern, die auf Spanisch »dragones«, also Drachen heißen und nicht von jedem Passagier als Nachbar auf dem Nebensitz geduldet wurden. Doch letztlich hat er die berühmte Strohtasche dann doch immer mitgekriegt, wozu sicher neben seinem charmant-demütigen Lächeln auch seine guten Sprachkenntnisse beigetragen haben dürften. Außer dem schon erwähnten Schwäbisch und Englisch spricht Ulf nämlich fließend Spanisch und auch etwas Catalan, selbst in Französisch und Italienisch kann er sich ganz gut verständigen. Sein Status als Chef-Dolmetscher war jedenfalls nie umstritten.

Catalan ist ein Stichwort, zu dem unbedingt eine Geschichte gehört, die sich auf dem Markt von Ibiza zugetragen hat.

Die Einkäufer der Crew waren gerade dabei, den Einkaufszettel abzuarbeiten, als Ulf mitbekam, wie die Marktfrauen untereinander ziemlich anzüglich über die deutschen Señiores lästerten. Es war wohl von so etwas wie »vernaschen« die Rede, aber natürlich auf Catalanisch, und die Marktfrauen dachten wohl nicht im Traum daran, dass einer der Señores sie verstehen würde. Doch als Ulf mit einem hingeworfenen Brocken auf Catalan antwortete, verwandelte sich der Markt von einer Sekunde auf die andere in einen kreischenden und Flügel schlagenden Hühnerhaufen.

Dieses nette Erlebnis gehört zum festen Bestand der Bordgeschichten, doch leider ist nicht überliefert, ob es danach noch zu einem geregelten Fortgang des Einkaufs gekommen ist. In einer Version wird nämlich behauptet, dass die Marktfrauen plötzlich gar nicht mehr aufzufinden waren.

Nun sind wir ganz unversehens auf einem Terrain gelandet, auf dem Ulf es zu einer gewissen Meisterschaft gebracht hat, dem des Geschichten-Erzählens oder auch Vorlesens. In seinem Seesack war neben den biologischen Bestimmungsbüchern immer auch noch Platz für eine literarische Perle wie z.B. die »maghrebinischen Geschichten« von Gregor von Rezzori, die Ulf ganz besonders liebt und teilweise auch ganz auswendig nacherzählen kann. Langeweile konnte so verständlicherweise an Bord nie aufkommen.

Um auch hier eine Probe aufs Exempel zu geben, füge ich das Gedicht ein, das Ulf mir zu meinem sechzigsten Geburtstag dediziert hat.

Für Manfried

O Manfried, Skipper, Freund und Kapitän!
Du hast uns heute zu dir eingeladen

Deinen Geburtstag mit dir zu begehen,
doch keinen gewöhnlichen und ungeraden,
nein, einen graden oder vielmehr runden:
fünfhundert fünfundzwanzig tausend und sechshundert Stunden,
und das entspricht genauestens sechzig Jahren,
die bist du bald gelaufen, bald gefahren.
Und bald schon lehrte dich dein Vater nach den Regeln
auch hundepaddeln, rudern und dann auch segeln.

Den Anfang machtest du selbstständig auf 'nem Teich
in einer Wanne, und Papa, vermutlich schreckensbleich,
beeilte sich, dich weiter einzuweihn
ins Jollensegeln, und bald schon konntest du allein
des Wörthsees Wogen kreuz und quer durchmessen,
bei Flaute zentimeterweis dem Steg dich nah'n,
bei Sturmgebraus auf deinem kleinen Kahn,
dahinzufliegen – Nie werd ich vergessen,
wie wen'ge Meter vor der Hühnerbraterei
der Wogen Hub das Ruder uns entrissen.
Mit Hendl war's für diesen Tag vorbei.
Wir haben schließlich heimwärts schieben müssen
das Schiff, wie sonst ein plattes Fahrrad heim man schiebt.
Rings um den halben See, um alle Stege,
im Wasser bis zum Hals, durchmaßen wir die feuchten Wege
– erst abends spät Poseidon uns die Heimkehr gibt.

Unzähl'ge Abenteuer steigen in mir auf,
die vielen Törns, bei Sonnenschein, bei Regen,
bei spiegelglatter See, durch toller Wogen Lauf;
wie unterm Sternenhimmel wir in stiller Bucht gelegen,
wie dann nach Manfrieds exquisiter haute cuisine,
im Magen noch des Irish Coffee sanftes Glüh'n,
nach einem letzten Whiskey – oder zehn,
an Deck noch mal nach beiden Ankern hat gesehn,
um dann in enger Koje froh sich auszustrecken,

noch einmal oben oder seitlich mit dem Kopfe anzuecken,
und vor dem Hintergrund von sanftem Meeresrauschen
so ganz entspannt dem Schnarchen aus der Steuermannskoje lauschen.
Im Morgengrau'n hebt Skipper Manfried dann
den Deckel jener wohlbekannten Luke an,
darauf erschallt ein Ruf wie Sturmgebraus:
»Wir haben nichts zu trinken mehr – Einkäufer raus!«

So warst du stets – fürsorglich und erfahren.
Ja unter so 'nem Alten fährt sich's gut!
Doch grade solchen Musterexemplaren
gern der Klabautermann mitspielen tut.
Zum Beispiel, Freunde, denket einen Augenblick
an unser altes Schiff Tom Dooly doch zurück!
Schon in Alghero wurde uns die Zeit nicht lang:
gern haben wir Meister Gaetano zugeschaut,
wie er in jeder Hand eine bronzina schwang,
die bomba d'injezzione täglich ein- und ausgebaut.

Und auch Frau Balimena ist kein Unschuldsengel – nein!
Bugkörbe sammelt sie wie Skalpe ein.
Man muss nur einmal sehn, wie sie
so scheinbar absichtslos den Keilriem' vom Motor sich streift ...
Nur gut, dass unserm Käpten, ich weiß auch nicht wie,
von seinen Törns an Bord 'ne Menge Damenstrümpfe bleibt.
Daraus knüpft flugs 'nen neuen Keilriem' er voll Fantasie.
Dass der nicht lange hält, weil er – wen wundert's? – schlüpfrig war,
das ist nicht Manfrieds Schuld, das ist doch klar.
Und Damenstrümpfe hat er noch ein paar.

Doch anderntags ist wieder alles gut,
und Manfried fasset neuen Lebensmut,
wenn Balimena ihm verschämt gesteht,

dass heut' ihr Bugstrahlruder wieder geht!
Und nun ist Balimena fast auf Grund gegangen.
Nun ja, sie ist 'ne ältre Dame, und ihr Kreuz schon etwas breit,
genau wie wir!...Doch, Manfried, wir verlangen,
dass dich das Segeln trotzdem weiter freut!

Ihr Freunde, haltet mich mit beiden Händen fest!
Sonst könnte ich noch tagelang erzählen
von Häfen, Märkten, Kneipen, Tempeln, Höhlen,
doch mach ich nun mein Schiff im Hafen fest,
um, Manfried, dich, zum Thema mir zu wählen
und dies dein ganz besond'res Fest:

Ein Seemann ist gewohnt, durch viele Meilen
von einem Ort zum andern hin zu seilen
so über manchen Längengrad und manche Grenze hin,
vielleicht auch über des Äquators Linie – alles ist noch drin!
Auch du, mein Lieber, hast heute eine Grenze überschritten,
den Sechzigsten, an dem es sich wohl schickt,
wenn man zurück auf das, was man erlebt, erlitten,
und auch, Gott Janus gleich, nach vorne blickt.

Und alles beides tun wir, Manfried, heut mit dir,
und Nanne, dir, und freu'n uns mit euch beiden,
die ihr durch Leid und Sorge viel, doch auch mit vielen Freuden
zusammen angelangt seid bis zum »Heut« und »Hier«,
und wünschen euch, dass ihr mit euren Kindern vier
und euren Enkeln und auch mit uns Freunden allen
die Segel setzen mögt, dass in der Zukunft Fahrtrevier
ein leichter, milder Wind, euch zu Gefallen,
das Lebensschifflein vorwärtstreiben soll ...

Ihr lieben Freunde, seht: Noch ist der Becher voll!

Der Zahlmeister.

Ein weiteres wichtiges Amt war ebenfalls in festen Händen. Wenn immer er dabei war – und ich meine, Ebi, wie Eberhard nur genannt wurde, war bei den Männertörns immer dabei – übernahm er die gewiss nicht leichte Aufgabe des Geldeintreibers und Verwalters. Das Eintreiben erledigte er, ohne eine Spur von Nachsicht und Diskretion zu üben, mit dem Ergebnis, dass die Bordkasse immer prall gefüllt war. Und dies war offenkundig für ihn auch ein ständiger Anlass zur Freude, und zwar nicht nur zu stiller Freude, vielmehr trug er sie (die Börse) mit Stolz zur Schau. Es ist eigentlich verwunderlich, dass die volle Börse niemanden dazu veranlasst hat, uns bei dem Nachhauseweg nach einem abendlichen Lokalbesuch aufzulauern und sie uns abzuknöpfen. In dem meist etwas angesäuselten Zustand, in dem wir dann waren, hätten wir es möglicherweise noch nicht einmal gemerkt. Festzuhalten ist jedenfalls, dass Ebi nicht zu der Spezies der geizigen Zahlmeister gehörte; so war er immer auf ein anständiges Trinkgeld bedacht, das er gegebenenfalls dem Kellner (Kellnerinnen gab es damals ganz selten) auch aufnötigte.

Nachzutragen ist, dass Ebi schon früh mit Salzwasser in Berührung kam, denn er ist schon mit vierzehn oder fünfzehn Jahren, allerdings zwangsweise, zur See gefahren, sowohl im Sturmbooteinsatz als auch auf einem deutschen Panzerkreuzer, wo er nach jeder Geschützsalve die ausgefallenen Glühlampen ersetzen musste. Nach dem Krieg wurde er erst Uhrmacher, studierte dann Medizin und wurde Augenarzt. Ersteres war an Bord eine besonders gefragte Qualifikation, denn was Rolf in der Makrotechnik leistete, leistete Ebi in der Mikrotechnik. Dazu war übrigens immer auch eine Uhrmacherlupe an Bord. Auch in seiner zweiten Domäne »Augen« war Ebi an Bord gelegentlich gefragt.

Von einer Pleite ist auch noch zu berichten, die man ihm allerdings nicht zu sehr anlasten sollte.

Ebi hatte sich in den Kopf gesetzt, für die Crew dadurch noch ein nützlicheres Mitglied zu werden, dass er den Speisezettel von Zeit zu Zeit mit einem selbst gefangenen kapitalen Fisch anreichern könnte. Er hatte sich dazu eine hochwertige Angel-Ausrüstung gekauft und eine Menge Geld ausgegeben, doch das im ganzen Mittelmeer sehr ausgedünnte Beutegut lachte sich nur in die Flossen, wenn es einmal in die Nähe seines Blinkers kam. An Bord geholt hat Ebi bei einer spektakulären Aktion einmal eine große Plastiktüte und einmal einen alten Turnschuh, den ihm ein listiges Crew-Mitglied beim Tauchen an den Haken gehängt hatte. Der Rest war ziemlich uninteressantes Kleinzeug, das kaum einmal für eine Fischsuppe reichte.

Doch erging es Ebi damit auch nicht viel schlechter als seinem noch eher zu diesem Sport berufenen und um einiges erfahreneren Skipper, der bei vielen Versuchen außer einigen kleinen Makrelen auch keinen einzigen spektakulären Fisch fing.

Besonders gefragt war Ebi dann noch einmal am späteren Abend, wenn das meist üppige Abendessen nach einem Digestif verlangte. Dann war es Zeit für Ebi's Irish coffee, den nur er an Bord servieren durfte und der sich durch eine relative Ausgewogenheit mit einer nicht allzu übertriebenen Überbetonung des Whisky-Anteils auszeichnete.

Noch eine weitere Spezialität des nicht uneitlen Ebi sollte erwähnt werden. Fast regelmäßig trug er zum Gaudium der Crew bei, wenn er eine seiner weißen Segelhosen anzog. Dann konnte man nämlich fest damit rechnen, dass er im Verlauf des Landgangs irgendwo und irgendwie ins Wasser fallen würde.

Damit mag es genug sein, soweit es Ebi an Bord angeht. War er aber erst einmal wieder dauerhaft an Land, dann frönte er einer heimlichen Leidenschaft, die in Seemannskreisen einen weniger guten Ruf hat: Er betätigte sich als Schlepper. Gemeint ist damit, dass er weitere Seeleute oder solche, die es werden wollten, schon für einen nächsten Törn anwarb. Doch das hatte seinen Vorteil, denn so standen immer neue Bewerber bereit und es kam neues

Blut an Bord, eine Herausforderung für die Stamm-Crew, nicht im eigenen Saft zu verschimmeln. In aller Regel hat das auch gut getan, nur einmal wurde ein Neuer von der Crew abgelehnt und bei dem handelte es sich ausgerechnet um einen Psychotherapeuten.

Ich möchte diese Gruppe von Mitseglern nur kurz unter der Überschrift

Wachführer und Matrosen

zusammenfassen, auch wenn sich hinter dem Einzelnen manchmal ein weit höheres Potenzial verbarg.

Da war zunächst einmal der Kinderarzt Rudolf P., der eigene Segelerfahrung hatte und auch allein ein Schiff führen konnte. Auch er war Kriegsteilnehmer gewesen und hatte sich in der Gefangenschaft eine Staub- bzw. Zement-Lunge eingehandelt, an der er wenige Monate nach seinem letzten Törn mit uns viel zu früh gestorben ist. Ich sehe ihn noch vor mir, wie er bei seinem letzten Schwimmversuch fast ertrunken wäre und nur mit letzter Kraft die rettende Badeleiter erreichte. Erst da merkte er wohl selbst, wie es um ihn stand.

Dann ist ein weiterer Arzt, der Internist Peter F., zu nennen, der ein renommierter Hobby-Astronom ist und seine frappanten Kenntnisse in ein Navigationsprogramm seines Freundes Bobby Schenk eingebracht hat. Bobby Schenk war und ist wohl noch heute die maßgebliche Autorität in Sachen Navigation in Deutschland. Er hat unter anderem im Jahre des fünfhundertsten Jubiläums der Entdeckung Amerikas genau so wie sein Vorgänger Christoph Kolumbus den Atlantik ohne moderne Navigationsgeräte überquert. Natürlich ist Peter auch selbst ein ausgezeichneter Navigator und er versteht auch etwas vom Segeln, da er auf dem Walchensee oft mit eigenem Katamaran unterwegs war.

Einige Male stand das Schiff zeitweise sogar unter dem Kommando eines »echten« Kapitänleutnants, kurz Kaleu genannt. Michael K. hatte eine Kadettenausbildung auf der Gorch Fock durchlaufen und sich die Leiter zum Kapitän zur See hinaufgedient, war dann aber zu den Hubschrauberpiloten der Seerettung gewechselt, wo er nach einigen Jahren den aktiven Dienst mit dem Innendienst vertauschte.

Wenn Michael an Bord war, durfte der Skipper auch einmal erleben, welche Ehren einem »richtigen« Kapitän zukommen, wie etwa das »Seite pfeifen«, was aber bei uns natürlich nur zum Spaß passierte. Immerhin lernte die staunende Crew von ihm, was eine Äquatortaufe oder was eine »gelbe Trude« ist, und fühlte sich dann selbst wie auf einem Windjammer.

Noch ein »Militarist« fand sich ein, Uwe E., der es inzwischen mindestens zum Oberst der Reserve gebracht hat und auch selbst mit seiner Hansa-Jolle auf dem Starnberger See herumschipperte. Sein Eintreten für die Bundeswehr fand bei der Crew keine ungeteilte Zustimmung, was dazu führte, dass sich der Skipper in einer erhitzten Diskussion sogar einmal dazwischen werfen und den Streit schlichten musste.

Und auch Hermann W. sei gedacht, der im Institut für Zeitgeschichte in München an der Aufarbeitung der Nazi-Vergangenheit arbeitete. Er war sicher der Belesenste von uns, was alte und neue Geschichte angeht, und eine große Bereicherung auf unserem Törn nach Tunesien und dort vor allem in Karthago.

Für mich als Bootseigner der Wichtigste von allen war Joaquin, der Spanier. Er kam zwar nicht allzu oft an Bord, aber er arbeitete als Betreuer des Schiffes im Hintergrund schon in Frankreich, aber vor allem dann, als das Schiff in Ampuria Brava und später in Palma de Mallorca seinen Liegeplatz hatte. Da er auch selbst Tom Dooly III und dann Balimena mit Freunden oder Familie gesegelt hatte, kannte er sie vielleicht sogar besser als ich. In jedem Fall erwies er sich als fantasiereicher Erfinder und hatte immer Verbesserungen am ganzen Schiff im Sinn, sei es an Rumpf und Steuer, sei es an Takelage, am Anker oder an der Beibootaufhängung, an Gangway oder Badeleiter. Und als Tom Dooly III nach schwerer Havarie vor Formentera sein Ruder und auch die Schraube verloren hatte, baute er kurz entschlossen den Heckbereich des Unterwasserschiffes um, was letztlich seine ganzen Ferien in Anspruch nahm. Ich kann ohne jede Übertreibung sagen, dass mir kein zweiter Mensch begegnet ist, in dessen Kopf das Segeln und alles, was dazugehört, mit so großer Intensität, Begeisterung, aber auch Hartnäckigkeit ständig rotiert wie bei Joaquin.

Dabei ist ihm auch eine gewisse Kauzigkeit eigen, die sich z.B. darin äußert, dass er gegen jede Art von Geräusch so allergisch ist, dass er nicht eher ruht, bis es beseitigt ist, auch wenn am nächsten Morgen keine Uhr an Bord mehr geht. Ich bin sicher, dass schon so mancher Fachmann beinahe am Verzweifeln war, wenn Joaquin ihm so seine genialen Gedanken entwickelt hat, aber ich bin auch genau so sicher, dass jeder, der sich darauf einließ, davon profitiert hat.

Ich habe vorhin Stephan erwähnt, unseren Sohn, der der Crew-Liste noch hinzuzufügen wäre, was aber seinem Status an Bord nicht so ganz gerecht wird.

Stephan machte schon die Überfahrt von Italien bis Port Camargues mit und war nicht nur Reserveskipper, sondern vor allem das, was er auch heute noch ist: ausführender Fachmann für alle anfallenden Reparaturen und Wartungsarbeiten an Schiff, Takellage, Motor und allem Drumherum. Seinen Beruf als Bootsbauer hat er nicht ganz zufällig ergriffen, auch keineswegs auf Drängen seines Vaters, obwohl der vielleicht am meisten von seinen Fähigkeiten profitiert hat; ich denke da nur an die jährlichen obligatorischen Arbeitsdienste vor Saisonbeginn, die meist zwei Wochen harter Arbeit für ihn bedeuteten. Sein fachmännisches Zupacken war umso notwendiger, weil Freund Joaquin nicht mehr zur Verfügung stand, seit wir 1989 mit Balimena die spanischen Gewässer verlassen hatten. Aber Stephan war nicht nur der Chef des Arbeitsdiensts, er segelte mit Frau und Kindern sowie diversen Freunden selbst gerne auf Balimena. Heute ist er übrigens Werftchef und gleichzeitig Hafenmeister der Marina Bernried am Starnberger See, wo Tom Dooly I 1972 schon einmal gelegen hat. So gesehen kann ich mit Überzeugung sagen, dass das Hobby des Vaters auch einmal Sinnvolles für den Sohn stiften kann, um dann sogar wieder auf den Vater zurückzufallen.

Damit möchte ich die Aufzählung der Teilnehmer an den Männertörns, auch wenn nicht alle genannt sind, die einmal dabei waren, beenden.

Doch das mit einem schlechten Gewissen, denn im Geiste umringt mich ein sehr beachtlicher Kreis von weiblichen Crew-Mitgliedern, die nicht zu nennen eigentlich unverzeihlich ist; angefangen von meiner Frau Marianne über Gerlinde, Marine, Gisela, bis zu weiteren Mitgliedern meiner Familie, die vor allem an den Törns in den Sommerferien ständige oder wenigstens häufige Teilnehmer waren.

Zur Erklärung dieser Unterlassungssünde kann ich nur vorbringen, dass der Unterschied zwischen »Männertörn« und anderen Törns nicht nur ein gradueller sondern ein grundsätzlicher war:

Immer Anfang Januar jeden Jahres begann die Törnplanung für das gerade begonnene Jahr, meist im Anschluss an ein Fischessen beim Skipper. Und schon da lag der Schwerpunkt ganz eindeutig bei dem Männertörn, der traditionsgemäß in der Zeit der Pfingstferien seinen Platz hatte. Und nur dieser war minutiös durchgeplant mit Ziel, Dauer, Crewwechsel, An- und Abreisemöglichkeit, Kosten usw.. Das Ziel war in der Regel ein ehrgeiziges, wobei die Erkundung unbekannter Inseln bzw. Küsten im Vordergrund stand. Die eine oder andere Nachtfahrt sowie Etappen von bis zu 100 Seemeilen pro Tag gehörten da ganz selbstverständlich dazu; man (Mann) wollte ja schließlich segeln!

Dann gab es auch noch den Sommertörn, der von Ziel und Distanz demgegenüber bescheiden ausgelegt war und unter dem Motto stand: Buchten, Baden und Erholen. Dies gebot einerseits die übliche sommerliche Windflaute, aber auch das Bedürfnis der Gäste, denen eine schöne gebräunte Haut und ein genussvolles Erleben der Natur wichtiger war als lange Distanzen mit ständigem Wechsel der Segel und eher unangenehmer und noch dazu feuchter Schaukelei.

Das mag jetzt vielleicht etwas nach Schwarz-Weiß-Malerei aussehen, doch sei eingestanden, dass sich die Unterschiede im Laufe der Jahre ganz erheblich verwischten. Denn als sich die Zeit, in der sich noch Marktfrauen für die Mitglieder eines Männertörns interessierten, langsam dem Ende zuneigte, fanden auch die hochgesteckten Ziele der Männertörns immer weniger Gegenliebe; stattdessen wurde der Wunsch nach weitgehend stressfreiem »Badehosen-Segeln« immer ungenierter geäußert und entsprechend dem geltenden Demokratieverständnis an Bord auch erfüllt. Mit leiser Wehmut sei erwähnt, dass dieser fatalen Neigung zur Bequemlichkeit so ambitionierte Törns wie um den Peloponnes herum in die Ägäis, mit Besuch von Athen, Delphi und Rückfahrt durch den Kanal von Korinth, die dem Skipper nach dem Motto: *»Das Land der Griechen mit der Seele suchen«* noch ein hehres Ziel gewesen wären, dem lauen Badewasser der ionischen See zum Opfer gefallen sind.

Neben der Crew, ja vielleicht noch vor dieser, sind es natürlich die Schiffe, die dem Leben auf dem Wasser Raum und Rahmen geben.

Die Schiffe.

Dass das Wasser keine Balken hat, lernte man früher schon als Kind. Man muss sich da schon mindestens ein paar davon besorgen, um sich eine kleine schwimmende Insel zusammenzubauen; so fängt Seefahrt für Kinder oft ja auch an. Wenn man dann allerdings auf große Fahrt gehen will, sollte man sich die Balken, also die Schiffe, denen man sein Leben anvertraut, schon besonders gut anschauen. Hat man erst einmal die Leinen zum Land gelöst und den Bug seewärts gerichtet, kann man kaum noch auf Hilfe von dritter Seite rechnen. Wohl dem Seemann, der in Seenot keinen Seelenverkäufer unter den Füßen hat und sich selber helfen kann. Die viel besungene Liebe zu seinem Schiff ist nicht nur eine romantische Gefühlsduselei, sondern schlichte Selbsterhaltung.

So möchte ich dir, lieber Leser, der du dich mit mir hinauswagen willst, ein Gefühl der Sicherheit zu vermitteln versuchen, indem ich dir auch noch die letzten beiden Schiffe meiner Lebens-Sammlung näherbringe.

Bis nach Südfrankreich diente uns ja Tom Dooly II recht wacker und zuverlässig, für Küstenfahrten war sie ausreichend stabil und sicher. Überrascht dich meine Formulierung »sie«? Ein Schiff ist nun mal immer weiblich, auch wenn der Name, auf den es getauft ist, etwas anderes suggeriert. So kommt wohl niemand auf den Gedanken, die Gorch Fock durch Geschlechtsumwandlung in den Gorch Fock umzuprägen, obwohl Gorch Fock, wie man weiß, ein Mann war. Diese etymologische Festlegung ist uralt und es käme einem Frevel gleich, würde ein Seemann dagegen verstoßen.

Nach Tom Dooly II kam nachvollziehbarerweise Tom Dooly III. Sie war nicht der Star einer deutschen Bootsmesse, sie begegnete uns vielmehr in ihrem Element vor der Küste von Mallorca. Und sie war unbestritten eine echte spanische Schönheit, in Calpe bei Alicante von der spanischen Werft Belliure in Kunstfaser gebaut, ein Zweimaster, einem klassischen Clipper nachempfunden mit Bugspriet und Galionsfigur, Teakdeck und Kajütaufbau und einer wunderschönen klaren Linienführung. Passend dazu in der selbstlenzenden (automatischer Wasserablauf) Plicht ein Ruderstand mit Holzsteuerrad, eine fest montierte Badeleiter sowie Davits zum

Hochholen des Beiboots. Das Tüpfelchen auf dem »i« war ein Krähennest (Mastkorb) am Großmast mit beidseitiger Enterleiter; hierzu später noch mehr.

Unter Deck ein recht geräumiger, erhöhter Salon mit absenkbarem Intarsientisch, eine beachtliche Bordbar, eine Pantry mit vierflammigem Gasherd und Backofen, Kühlschrank, einer Navigationsecke, zwei Hundekojen, im Durchgang zum Vorschiff an Backbord Bad und Toilette, gegenüber die Eignerkabine mit zwei übereinander angeordneten Betten und im Vorschiff die »Focksel« mit zwei Betten in V-Form.

Dieses Schmuckstück, das immerhin sieben Segel tragen konnte (Klüver, Fock, Groß, Besan, Genua, Spinnaker und Besanstagsegel) – nur Kanonen waren nicht an Bord – haben wir bei unserem ersten Törn von der spanischen Küste hinüber zu den Balearen entdeckt, besichtigt und sofort bestellt. Und waren zehn Jahre damit glücklich.

Warum, so magst du die Frage stellen, habt ihr denn dann Tom Dooly III verkauft, wenn es ein so tolles Schiff war? War es wieder der berühmte Meter? Die Frage ist nicht so einfach nur mit »ja« zu beantworten. Richtig ist, dass Balimena, unser letztes Schiff, noch einmal sieben Fuß größer vermaß, also um gut zwei Meter mehr als Tom Dooly III. Das bedeutete: zwei Toiletten und Bäder, Pantry getrennt vom Salon, eine große Achterkabine mit Doppelbett, darüber ein riesiges Poopdeck (=Achterdeck) mit Rundum-Bänken, großem Außen-Steuerstand mit freiem Blick über das ganze Schiff sowie einem Innen-Steuerstand mit Tisch und gepolsterter Eckbank für den Aufenthalt bei schlechtem Wetter. Und: Balimena war ein in Dänemark gebauter Motorsegler, Typ Faenoe, ein sehr robustes Seeschiff mit großen Tanks für Diesel, Wasser und Fäkalien. Rundherum also ein gemütliches Wohnschiff für ein mehrmonatiges Leben an Bord für den inzwischen kurz vor der Pensionierung stehenden Skipper und seine Frau, aber auch geeignet für eine große Crew mit sechs, acht oder auch noch mehr Personen, wie sie vor allem bei Stephans Fahrten schon einmal zusammenkamen. Seglerisch war sie eher unterdimensioniert; wenn man auf Genaker oder auch Spinnaker verzichtete, war sie also durchaus von zwei Personen zu segeln. Hinzu kommt, dass man auch bei vier bis fünf Windstärken noch trocken in der Badehose segeln konnte, während auf kleineren Schiffen schon fast der Kampf ums Überleben begann. Innen gemahnte Balimena fast an den Luxus eines Überseedampfers, und wenn erst einmal das »gute Geschirr« (Königliche Porzellan-Manufaktur Kopenhagen) und die in allen Größen vorhandenen geschliffenen Gläser serviert wurden, gab es bei den Gästen große Augen, bevor überhaupt etwas auf den Tellern bzw. in den Gläsern war.

Auch das an Land- und zu Wasser-Kommen war mittels Gangway und Badeleiter sowie -Plattform mit Außendusche problemlos zu bewerkstelligen. Auf dem Vorschiff, das mit zwei kräftigen Ankern und entsprechenden Winschen ausgestattet war, gab es noch eine zweite Außendusche und trotzdem noch jede Menge Sitz- und Liegemöglichkeiten, nicht zuletzt frei schwebend über dem Wasser, wenn man sich auf das mächtige Bugspriet begab. Um es schon einmal vorweg zu nehmen: Die Skippers lebten die letzten zwölf Jahre ihres Seglerlebens wie die Fürsten auf Balimena, auch wenn die schon etwas betagte Dame gelegentlich so ihre Mucken hatte, wovon noch zu berichten sein wird.

Abergläubige werden das möglicherweise auch darauf zurückführen, dass wir es gewagt haben, das Schiff umzutaufen. Es trug ursprünglich den Namen »Alacritas«, der uns gar nicht gefiel. Aber auch »Tom Dooly IV« war unserer Ansicht nach nicht recht passend. Der Name Balimena ist uns dann zugeweht. Richtiger: Der von uns an Bord gern gehörte Harry Belafonte hat ihn uns zugesungen. Es ist ein eher wehmütiges Lied von einem Schiff »Balimena«, das nach vielen Jahren glücklicher Fahrt nun im Hafen »schwarz gestrichen« wird, was wohl so viel heißt wie: abgetakelt. Was bleibt, ist die Erinnerung an die fröhlichen Jahre einer verschworenen Männerfreundschaft auf See. Dass auch wir bei unserem Abschied von Balimena am liebsten die schwarze Fahne gehisst hätten, sei schon mal vorweggenommen.

Das Leben an Bord

War der Abend lang und die Nacht kurz, begann der Morgen spät. Und weil die Nächte meist (zu) kurz waren, kam das Tagesprogramm ins Rutschen, was vor allem unangenehme Folgen hatte, wenn lange Distanzen auf dem Plan standen. Da das aber im Wesentlichen die Sache des Skippers war, bestand die Crew meist erfolgreich auf ein geruhsames und ausführliches Frühstück. Das war aber nicht die einzige Problemsituation, denn davor gab es erst mal die Schlacht um das Bad, die in der Regel mit dem überlauten Ruf des »Eins O« gipfelte: *»Ulf, bist du im Bad?«* Das Reinlichkeitsbedürfnis wurde zwar nie eigens wissenschaftlich untersucht, aber die auch ohne diesen Test zu Tage tretende Unterschiedlichkeit war evident. Mancher entschloss sich wegen drängender Geschäfte trotz des zu dieser Jahreszeit (in der Regel Mai) noch meist recht kalten Wassers zu einem Entsorgungs-Schwumm, der gelegentlich ein nicht näher zu beschreibendes Verfolgerduell angenommen haben soll. Danach war dann auch wieder Platz für Ei und Schinken.

Nebenher wurde der Einkauf besprochen, der dann meist von zwei oder drei Crew-Mitgliedern erledigt wurde. Wenn dazu erst mit dem Beiboot an Land gefahren werden musste, konnte – je nach Laune des Jockels (Beibootmotor) – einige Zeit vergehen, um so mehr, als sich die Einkäufer das Recht erkämpft hatten, auch noch einen Kaffee oder ein Bier zu sich zu nehmen. Bis dann alles verstaut war, läutete es meist schon zu Mittag. Und das war das Zeichen für eine Zeremonie, auf deren Einhaltung eisern geachtet wurde: Campari-Time. Wenn dann auch »Rasmus« (Gott des Meeres) seinen Schluck bekommen hatte, konnte endlich das Kommando erschallen: »Leinen los!« bzw. »Anker auf!«.

So freilich war kein großes Etmal (Tagesdistanz) zu bewältigen. Aber es ging auch anders, etwa bei einer Überfahrt von Mallorca nach Ibiza oder gar zur spanischen Ostküste. Dann wurde der Einkauf schon am Vorabend erledigt und der Aufbruch fand bei Morgengrauen statt. Mehrfach wurden auch Nachtfahrten eingeschoben, die mangels Wind meist unter Motor gefahren werden mussten. Dann richtete sich das Bordleben nach den Umständen; die Campari-Time durfte aber nur entfallen, wenn Rasmus mit erhobener Faust drohte, denn gegen Seekrankheit waren auch die Trinkfestesten der Crew nicht gefeit. Kochen war dann zwar im Prinzip möglich, denn der Smut war seefest, aber wer hat schon Lust am Kochen, wenn keiner zum Essen kommt? Außerdem war der Smut dann auch als Skipper weitgehend unentbehrlich.

Das Abendessen an Bord war natürlich am schönsten, wenn in einer stillen Bucht geankert wurde, und da durften es dann auch drei Gänge sein und dazu etliche Flaschen guten spanischen Weins. Es gibt einen Film von einem der ersten Männertörns, in dem eine hübsche Szene vom Weinbunkern handelt. Darin ist die ganze Mannschaft damit beschäftigt, »per Kette« so an die zwanzig Flaschen aus dem Einkaufswägelchen von der Pier bis unter Deck zu befördern. Das gemahnt so ein bisschen an chinesische Erdarbeiter, doch im Unterschied zu deren gequälten Gesichtern hatten die Crew-Mitglieder mit dieser Art von Arbeit offensichtlich keine Probleme, ebenso wenig natürlich auch beim Leeren der Flaschen, was der Film allerdings verschweigt.

Wer dann noch Lust hatte, konnte sich dann, wenn auch der Irish coffee alle war, noch an der Bord-Bar gütlich tun. Es soll vorgekommen sein, dass am nächsten Morgen auch da alle Flaschen leer waren. Dass eine solche abendliche Runde wirklich nur einige harte Männer überlebten, dürfte verständlich sein. Es sei auch eingestanden, dass es dann so ähnlich zuging wie bei Haydns Abschieds-Konzert, mit dem einen Unterschied, dass zuletzt noch zwei Zecher (statt einem Geiger) übrig blieben, die dann gemeinsam in die Koje wankten, wenn auch die letzte Flasche gelenzt war.

Eine kleine Geschichte mag dieses Geschehen illustrieren:

Einer der Mitsegler hatte als Gastgeschenk dem Kapitän eine Flasche schottischen Whisky mitgebracht, die am nächsten Morgen auf wundersame Weise leer vorgefunden wurde, ohne dass dieser selbst auch nur einen Schluck davon bekommen hätte. Die zwei reumütigen und auch geständigen Sünder hätte man wohl unschwer an Fall-typischen Ausfallerscheinungen erkannt, etwa wenn sie selbst den letzten Abend nicht mehr so recht rekonstruieren konnten.

Zur Ehrenrettung der Crew sei gesagt, dass solches äußerst selten vorkam; wenn, dann meist am ersten Abend, wenn das Gefühl, der normalen Welt mit festem Boden unter den Füßen entkommen zu sein, eine gewisse Enthemmung mit sich brachte. Weit häufiger verlief ein Abend an Bord viel harmloser, wenn nämlich gepokert wurde, was eine Zeit lang die Lieblingsbeschäftigung der Männercrew war. Dabei war Schummeln nicht nur erlaubt, sondern sogar wesentlicher und auch lustigster Bestandteil des Spiels, bei dem am Ende die Männer nur noch in der Badehose pokerten, um den primitiven Trick mit dem Ass im Ärmel mindestens zu erschweren, wenn nicht unmöglich zu machen. Es ist glaubhaft überliefert, dass die Putzfrauen (sprich -männer) noch nach Tagen verloren geglaubte Karten sogar unter dem Teppich gefunden haben.

Damit, so hoffe ich, kannst du dir, lieber Leser, eine gewisse Vorstellung machen, wie es bei einem Männertörn im Allgemeinen zuging. Ein erster kleiner Abschnitt soll nun den vielfältigen Ereignissen gewidmet werden, die den *»fröhlichen Seemann da draußen«* erwarten.

Begegnungen.

Ehre sei Gott auf dem Meere!
Er schuf das Meer so groß und weit,
voll Licht und Wind und Einsamkeit
und tat damit seine Absicht kund:
dass nicht ein jeder Lumpenhund,

womit die Erde so reich gesegnet,
dem fröhlichen Seemann da draußen begegnet.

(Anonymus)

Der Seemann fährt, wie Anonymus richtig feststellt, nicht hinaus auf die See, um zahlreiche menschliche Begegnungen zu haben, sucht er ja gerade die Einsamkeit in Gottes schöner Natur. Wenn hier jetzt also von Begegnungen die Rede sein soll, dann geht es zunächst nicht nur um Menschen, wenngleich man um diese auch nicht ganz herumkommt.

So geschah es uns eines Tages, es war im Golf von Asinara im Norden von Sardinien, dass wir bei der Durchquerung des weitläufigen Golfs bei öliger Mittagsflaute und spiegelglattem Wasser schon von weitem einen »Gegenkommer« auf uns zukommen sahen. Ich war in der Kombüse mit der Zubereitung des Mittagessens beschäftigt, schaute aber so alle paar Minuten nach dem Kurs, den unser eiserner Gustav eisern einhielt. Offenbar war die Lage auf dem Gegenkommer genauso, denn beide Schiffe fuhren unter Maschine den absolut gleichen Kurs, nur um 180 Grad versetzt. Und auf dem anderen Schiff zeigte sich »personne«, niemand. Die Regeln besagen: Bei entgegenkommenden Schiffen weichen beide nach rechts (Steuerbord) aus. Die Regeln nützen aber nicht viel, wenn zwei Schiffe unter Selbststeuerungsanlagen fahren, denn bisher gab es im Sportbootbetrieb ohne Radar keine akustische Warnung, wenn sich ein Schiff auf Kollisionskurs nähert. Natürlich hätte ich den Autopilot kurz ausschalten und den Kurs ändern können, aber ich wollte sehen, was passiert. Und es passierte nichts, außer dass die beiden Kollisionsgegner weiter genau aufeinander zufuhren. Erst im letzten Moment fuhr ich »das Manöver des letzten Augenblicks«, wie man das in der Seemannssprache genannt hat, und verhinderte so den Frontalzusammenstoß. Gleichzeitig gab ich ein kräftiges Hornsignal ab und konnte auf dem anderen Boot, das nun schon an uns vorbei war, einen nackten Mann an Deck stürzen sehen, dem offenbar der Schreck in allen

Gliedern saß, denn er antwortete nicht einmal auf meinen gewunkenen Gruß und verschwand eilends wieder unter Deck.

Nicht viel besser erging es mir und meiner Männercrew, als wir einmal bei ziemlich dickem Nebel vor der französischen Küste kreuzten, jede Minute das vorgeschriebene Hornsignal abgaben, wellwach in die Nebelsuppe hineinstarrten und auf akustische Nebelsignale horchten. Plötzlich hörten wir über unseren Köpfen menschliche Stimmen und sahen dann direkt vor uns einen dicken Frachter aus dem Nebel auftauchen, auf dessen Deck weit über uns ein paar Gestalten zu erkennen waren, die auf uns hätten herunterspucken können. Wie sich herausstellte, war es ein Ankerlieger, dessen Matrosen wohl das Deck wuschen, und die es nicht für nötig hielten, die Nebelsignale zu geben. Doch das erkannten wir erst etwas später, zuerst glaubten wir natürlich, dass der Dampfer in Fahrt sei und uns im nächsten Moment unterbügeln werde.

Da kann einem dann schon so ein Kraftausdruck wie »Lumpenhunde« über die Lippen kommen wie bei unserem Anonymus.

Auf ähnlich unschöne Weise hat uns auch einige Male die italienische und maltesische Wasserschutzpolizei des Nachts erschreckt, wenn sie uns als verdächtiges Objekt im Visier hatten, uns mit kräftigen Scheinwerfern anstrahlten und zum Stoppen zwangen. Sie waren erst zufrieden, als sie das ganze Schiff durchsucht hatten, ob wir nicht etwa einen blinden Passagier an Bord ins Land oder auch aus dem Land schmuggelten. Erst hinterher erfuhren wir dann, dass einige Verbrecher aus einem Gefängnis in Malta ausgebrochen seien und nun wohl versuchten, ein Schiff zu kapern, um von der Insel wegzukommen.

Es gab aber auch viele erfreuliche Begegnungen, vor allem mit Tieren. Immer wieder lockte der Ruf »Delphine« die ganze Mannschaft an Deck; an ihrem eleganten Spiel mit den Wellen oder auch mit unserem Schiff konnten wir uns nie sattsehen und natürlich waren dann auch alle Linsen der an Bord vorhandenen Foto-

und Filmkameras auf sie gerichtet. Auch nachts hat uns manchmal eine Schule begleitet und es machte ihnen offenbar Spaß, im roten bzw. grünen Licht unserer Positionslaternen ihre Sprünge zu zeigen. Und die Krönung des Schauspiels war es, wenn auch noch ein Meeresleuchten ihre Bahn zu einer silbern sprudelnden Kette werden ließ.

Nicht weniger spektakulär verlief einmal eine Begegnung mit einer schlafenden Meeresschildkröte von beachtlicher Größe. Es gelang uns, ganz nahe an das etwa einen Meter große Tier heranzukommen; unser Bord-Biologe sprang ins Wasser, tauchte sie von hinten an, packte sie und bugsierte sie zu dem im Schlepp befindlichen Beiboot, in das er sie schließlich hineinwuchtete. In aller Ruhe konnte er so ihre Zeichnung studieren und abmalen. Die Szene ist filmisch dokumentiert, sonst würde man das Ganze vielleicht als Fischerlatein abtun; allerdings ist der Film nicht jugendfrei, denn unser Ulf, der sich gerade ein Sonnenbad an Deck gönnte, hatte keine Zeit gehabt, vorher noch seine Badehose anzuziehen. Der Schildkröte haben wir danach aber wieder die Freiheit gegeben, obwohl das Wort Schildkrötensuppe bei der Crew schon die Runde machte.

Man könnte vielleicht auf die Idee kommen, so eine Seefahrt von morgens bis abends oder gar über mehrere Tage könne auch langweilig werden. In der Tat ereignet sich nicht alle halbe Stunde etwas Spektakuläres. Um so mehr wurde jedes Ereignis beachtet, und sei es nur die Flosse eines Mondfisches oder der Zug von ein paar Möwen, die durchaus nicht alle Emma hießen. Ulf kannte sie alle mit Namen, ggf. auch mit den lateinischen. Und natürlich suchten wir den Horizont auch immer nach der Traum-Schwanzflosse eines Blauwals ab, doch diese Begegnung hat leider nie stattgefunden. Dagegen sahen wir mehrmals Schwertfische springen und einmal sogar eine silberne Fischwolke, die kurz vor einem Gewitter vor Cabrera bei abenteuerlicher Beleuchtung plötzlich über dem Wasser schwebte und ein paar Mal hin- und herwogte, vermutlich ein Riesenschwarm handtellergroßer Weißfische, der von einem oder mehreren hungrigen Raubfischen gejagt wurde und sein Heil in der Flucht aus dem Wasser heraus suchte.

Und dann gab es auch noch ein paar denkwürdige Begegnungen mit anmutigen zweibeinigen und meist langhaarigen Geschöpfen aus der Gattung »Homo sapiens«. Nicht immer verliefen sie erfreulich. In einem Fall ist eher vom Gegenteil zu berichten, denn außer einem kurzen Blickkontakt kam nur ein gebrochener Finger dabei heraus. Unser Ebi hatte den vorüberschwebenden gut gefüllten Pullis und ebensolchen Bluejeans so weltvergessen nachgeschaut, dass er über einen Gullydeckel stolperte und sich den kleinen Finger brach. Zum Glück hatten wir unseren Kinderarzt Rudolf P. dabei, der vor laufender Kamera und feixenden Kameraden den Schaden fachmännisch versorgte.

Auch ein anderer Fall endete mit einer Enttäuschung. Wir hatten beim Abendessen in einer Hafenkneipe in Ibiza ein paar Engländerinnen kennengelernt und sie für den nächsten Tag zu einer Segelpartie rund Formentera eingeladen. Begeistert sagten sie zu, aber über Nacht muss sie dann der Mut verlassen haben, denn sie erschienen am Morgen nicht.

Aber über ein Erlebnis der Extraklasse ist zu berichten, das sich in der Cala Portals Nous auf Mallorca zugetragen hat. Unser Schiff »Tom Dooly III« hatte schon in der Bucht einen schönen Ankerplatz für die Nacht gefunden, als sich eine zweite etwa gleich große Segelyacht unter französischer Flagge näherte und nicht weit von uns entfernt den Anker fallen ließ. Meine Männer und vermutlich ich selbst sahen dem Manöver mit dem denkbar größtem Interesse zu, denn die Mannschaft bestand aus sechs französisch zwitschernden Frauen, die obendrein noch barbusig waren. Nachdem wir uns ein wenig von unserer Verblüffung erholt hatten, schickte der Skipper das Beiboot mit dem »Eins O« los, um bei den Französinnen »anzubandeln«, wozu eine geleerte Pfefferdose diente, mit der Frage, ob man uns nicht aushelfen könne. Thomas kam tatsächlich mit halbvoller Dose zurück, worauf er noch mal losgeschickt wurde und neben einem kleinen Dankeschön (Bohnenkraut) eine Einladung des Kapitäns zum abendlichen Bordfest auf Tom Dooly überbrachte, und die wurde sogar angenommen. Tatsächlich kamen die Damen, allerdings inzwischen mehr oder weniger züchtig bekleidet und es wurde beängstigend voll in der Kajüte auf Tom Dooly. Obwohl es der letzte Tag des Männertörns 1979 war, soll der Skipper noch so eine Art Bowle auf die Back gebracht haben. Das Bordfest geriet daraufhin dann auch ganz lustig, vor allem wohl wegen der erheblichen Verständigungsschwierigkeiten, war aber doch letztlich enttäuschend. Soweit ich mich noch erinnern kann, war es so etwa wie bei dem ersten Kindergeburtstagsfest, wo die Aufregung vorher ungeheuer groß ist, aber das Fest darunter leidet, dass die Kinder nichts miteinander anzufangen wissen. Die Einzelheiten sind jedenfalls weder filmisch noch verbal festgehalten worden und so weitgehend der Vergessenheit anheim gefallen. Das Faktum selbst wird aber sicher unvergessen bleiben.

Nachtfahrt

Wenn immer es sich anbot, habe ich in einen Törn auch eine Nachtfahrt eingebaut, und das nicht nur bei den »harten Männertörns«. Eine Nachtfahrt ist ein ganz besonderes Erlebnis, jedenfalls wenn es nicht gerade »junge Hunde« weht, wie man das auf See gern drastisch formuliert. Da ich, wie schon gesagt, auch ein leidenschaftlicher Filmer bin, sind Sonnenauf- und -untergänge für mich eigentlich reichlich »ausgelutscht«, aber ich erliege immer wieder ihrem großen Reiz und werde zum andächtigen Zuschauer. Doch sie sind ja nur Anfang und Ende der Nacht, die sich als nicht minder großartiger Darsteller erweist, mit oder auch ohne Mond. Als nächtlicher Wanderer auf See hat man ja gleich zwei Unendlichkeiten um sich: das Meer unter und um sich, das Sternenmeer über sich; beide scheinen konturenlos ineinander überzugehen.

Und ist nicht das Steuern nach den Gestirnen das Urerlebnis des seefahrenden Menschen schlechthin? Was Reinhard Mey in seinem schönen Song »Über den Wolken« singt, gilt in vollem Umfang auch für den Piloten, der über den Wellen seine Bahn zieht und nur den Himmel über sich hat: riesengroße Freiheit und zugleich schiere Nichtigkeit aller eigenen Probleme, Ängste und Sorgen. Raum und Zeit scheinen sich aufzulösen und ein Hauch von Ewigkeit wird fast körperlich spürbar: Hektik und Chaos des Alltags verblassen in stiller, unerschütterlicher Ordnung und, wenn man sich darauf einlässt: Geborgenheit.

Wichtig ist für den Skipper, zuverlässige und miteinander vertraute Wachen zu haben, sozusagen verwandte Seelen, denn die Nächte bewegen erfahrungsgemäß auch scheinbar harte Herzen und es werden ganz andere Gespräche geführt als am Tag. Es ist auch die Zeit der Stille, in der die Lieben, auch wenn sie räumlich weit entfernt sind, einem nahe kommen, ja das eigene Leben in einem ruhigeren Fahrwasser zu fließen scheint.

Wichtig ist daneben natürlich auch eine sorgfältige Vorbereitung an Bord: Leuchtfeuerverzeichnis der Gegend auswerten, Radar-Warngerät einschalten, Lichterführung kontrollieren, Taschenlampen bereitlegen, warm anziehen und heißen Tee in die Thermoskanne füllen.

Die Wachen waren bei uns immer die klassischen Vierstundenwachen, die erste Wache also von 20 bis 24 Uhr, dann die Mittelwache von 00 bis 04 Uhr und die Morgenwache von 04 bis 08 Uhr. Die angenehmste, weil in der Regel noch weitere Kameraden auf sind, ist die erste, die kälteste dann die letzte, die aber für das Gemüt davon lebt, dass der Lebensenergiespender sich zunächst als schwacher heller Schein ankündigt, um sich dann langsam und majestätisch aus den Fluten zu erheben.

Das ist freilich recht selten zu sehen, da am Morgen häufig Frühnebelfelder die Sicht auf das grandiose Schauspiel verdecken. Auch setzt meine Schilderung eine wind- und wellenlose Fahrt unter Motor voraus, die im Mittelmeer aber fast die Regel ist, denn der Wind geht meistens mit der Sonne schlafen.

Aber auch eine nächtliche Fahrt in einem sturmgepeitschten, aufgewühlten Meer, wie auf unserer Rückfahrt von Sardinien nach Mallorca, kann zu einem unvergesslichen, ja grandiosen Erlebnis werden: wie in berstenden Milchglaswänden sich brechende chaotische Wellenungetüme ringsum unter einem fast taghellen Vollmond und über den Himmel hetzenden weißen Wolkenfetzen, das lässt sich von keinem Filmregisseur der Welt inszenieren! Umso rührender war nach diesem Inferno dann ein unerwarteter Besuch einer Schwalbe an Bord, die völlig erschöpft in den gerade unbenutzten Schlafsack Gerlindes schlüpfte, um nach ein paar Stunden wieder gekräftigt zu entfliegen.

Gedanken im Krähennest

Als Auftakt zu dem nächsten Hauptkapitel meiner seemanntischen Geschichten möchte ich dich, lieber Leser, zu einem ganz besonderen Platz auf unserem Schiff entführen, auf dem sich unter anderem besonders gut über die »weibliche Seele« der Seefahrt nachdenken lässt: das Krähennest. Da es sich dabei um ein rhetorisches Aufentern handelt, brauchst du auch nicht unbedingt schwindelfrei zu sein.

Unser Krähennest befindet sich auch nur etwa sieben Meter über Deck und ist über bequeme Holztritte recht schnell zu erklimmen. Es besteht auch nur aus einer Holzstufe, die gerade für zwei Füße Platz bietet, und einem ringförmigen »Geländer« aus Metall, das sicheren Halt bietet. Denn da oben sind die Schiffsbewegungen schon recht deutlich zu spüren, will sagen: Es schaukelt ganz schön.

Aber gehen wir von einem Tag ohne nennenswerten Wind und Seegang aus, sodass der Skipper auch keine Segel gesetzt hat und somit volle Rundumsicht gegeben ist. Man kann sich dann auch auf dem Holztritt niederlassen und die Beine baumeln lassen. Und die Seele …

Sei bitte nicht böse, wenn ich dich jetzt sozusagen geistig an der Hand nehme und dich in Form einer kleinen Meditation auf einiges hinweise, auf das du aber wahrscheinlich auch alleine gekommen wärest.

Schaue erst einmal in Ruhe um dich und genieße das leichte Schaukeln des Schiffes: Es ist wie eine sanfte Wiege, es wirkt vielleicht sogar etwas einschläfernd auf dich, lädt dich zum Träumen ein.

Und was beobachtest du? Der Seemann sagt dazu übrigens: wahr schauen, ich meine, ein sehr schöner Ausdruck.

Sicher bist du beeindruckt von der unendlichen Weite der Wasserfläche, die ja auch noch hinter der Kim, dem für dich sichtbaren Horizont, endlos weitergeht. Du beobachtest das Wetter, die Wolken und vielleicht das Wellenbild, die millionenfachen Reflexe der Sonnenstrahlen auf dem Wasser. Und du freust dich über die Wärme dieser Strahlen. Und vielleicht vernimmst du eine feine Melodie des Windes. Merkst du, dass fast alle Worte mit »W« angehen? Und dass die W-Worte, die sonst so im Vordergrund stehen, wer, wo, wie und wann, nicht mehr ihre dominante Rolle spielen? Vielleicht sind es andere W-Worte, die in dir aufsteigen: woher, wohin und warum, die gewichtigen Lebensfragen. Dazu gehören noch weitere: wahrnehmen, warten können, gewähren lassen …

Ich denke, es sind Worte einer weiblichen Sphäre, die eher mit passivem Einfügen als mit aktivem Gestalten und Durchsetzen zu tun haben. Segeln ist nach meinem Empfinden kein Sport des harten Willens, sondern eher des sich Fügens, eines dankbaren und demütigen Einverstanden-Seins; nicht der Ehrgeiz bringt einen vorwärts, sondern das Mitspielen in einem Szenario, das nicht du dir ausgedacht hast.

Vielleicht gehört ja auch das Wort »Weisheit« in diesen Kontext mit hinein …

7. Kapitel

Auf großer Fahrt: *Balearen und Pityusen*

Große Fahrt ist in der Seemannsprache ein Begriff, der für unsere Aktivitäten eigentlich eine Nummer zu groß gewählt ist und erst ab einer Altantik-Überquerung angewendet werden sollte, besser natürlich noch bei einer Umrundung des Cap Hoorns. Was zwar auch in unseren Gesprächen, vornehmlich bei einer Nachtfahrt, wenn das Erzählgarn zu schnurren begann, als ferner Traum in Erscheinung trat, aber schon aus beruflichen Gründen nicht ernsthaft in Erwägung zu ziehen war.

Einmal freilich hätte ich selbst beinahe ein für mich damals höchst verlockendes Angebot ohne Rücksicht auf Karriere und Familie angenommen. Es war direkt im Anschluss an meine praktische Prüfung zum Segelführerschein für »Revier-Fahrt« (BR-Schein), die nach zehn Tagen Segeln auf einer großen Schulungsyacht in und um Mallorca abschloss. Es war meine erste Fahrt auf einem 20 Meterschiff; selbst hatte ich gerade den ersten Törn mit unserem Neptun im Golf von Neapel hinter mich gebracht und war somit eigentlich fast Anfänger auf See. Das aber waren die anderen Führerscheinaspiranten auch, oder sogar noch mehr. Dazu kam, dass unser Kapitän *Felix* gerade keinen richtigen zweiten Mann zur Hand hatte, dafür aber einen reichen Vorrat »weißen Rum«. Ich wuchs sozusagen in beides hinein und verkündete meiner verblüfften Frau am Ende des Lehrgangs, dass ich an Bord bleiben und mit Kapitän Felix eine Überführungsfahrt ans Ende der Welt machen werde. Das Ende der Welt war zwar nur die Türkei, aber mit meinen schon leicht glasig gewordenen Augen sah ich die Welt eben so. Ich fühlte mich inzwischen als Seemann, wenn auch auf die klassische »Schleppertour« mit viel Rum angeheuert, aber ich konnte einen riesigen Dampfer unter Segeln wie unter Motor fahren und wurde als »Mann für alles« gehörig umworben.

Nun, zum Glück hat meine Frau mich wieder auf den Boden zurückgeholt. Und so ist aus mir zwar ein spießiger Siemens-Direktor geworden, aber eben nur ein »verhinderter Seemann«, den ich semantisch deshalb gerne auch »Seaman« geschrieben und vor allem ausgesprochen habe. Inseln sammeln im Mittelmeer war aber letzten Endes doch eine recht brauchbare, ja wahrscheinlich die bessere Alternative als ein echter Salzbuckel zu werden.

So bitte ich dich, lieber Leser, um Verständnis, dass ich jetzt auch nur etwas über die Balearen und Pityusen, über Sardinien und Sizilien, über Malta und Korfu mit der jeweils dazugehörigen Inselwelt erzählen kann. Eben das, was für uns, die wir ja nur die Urlaubstage für unsere Unternehmungen zur Verfügung hatten, erreichbar war. Ich will das auch nicht in nautischer Korrektheit anhand der Logbücher tun, sondern mehr in der Art von flüchtigen Skizzen oder Stimmungsbildern. Es sollte aber vielleicht doch noch erwähnt werden, dass alle Männertörns und auch viele Familienfahrten auf Zelluloid recht ausführlich filmisch dokumentiert sind, aber sicher demnächst, schon aus technischen Gründen der Nicht-mehr-Reproduzierbarkeit, Lethe, dem Strom des Vergessens anheimfallen dürften.

Auch sollte ich dich schon einmal darauf vorbereiten, dass unsere Reise da und dort von einer nostalgischen Wehmut gefärbt sein wird, und zwar weniger, weil Nostalgie eben ein Charakteristikum des Alters ist, sondern weil das Segeln, wie es sich heute darstellt, nicht mehr das ist, was es vor vierzig Jahren einmal war.

Der in erster Linie auf die Übervölkerung auch auf See zurückzuführende Verfall hat vor allem im Mittelmeer Formen angenommen, die die Freude am Genießen unberührter Natur nahezu zunichte macht. Doch dieses Thema soll uns die Freude an dem, was wir noch erleben durften, nicht verderben und sei nur in Form dieser Vorbemerkung erwähnt: Wer heute zu den gleichen Zielen aufbricht wie wir damals, wird vieles nicht mehr so antreffen, wie ich es hier noch schildern kann. Andererseits haben heute eben so viel mehr Menschen Zugang zu diesem schönen Sport und dem damit verbundenen Naturerlebnis, dass die Kehrseite der Medaille als unvermeidlich mit in Kauf genommen werden muss.

Unsere weitere Reiseroute folgt naturgemäß der Spur unseres Kieles; dies ist allerdings ein rein rhetorischer Begriff, denn glücklicherweise hinterlassen Schiffe eben keine Spuren, es sei denn, man nähme die in der Seekarte eingezeichneten Bleistiftlinien als solche. Von Öl- oder sonstigen Abfallspuren sei hier einmal abgesehen. Unsere teilweise sehr reizvollen Fahrten entlang der französischen und spanischen Mittelmeerküste übergehe ich dabei, um mich umso mehr auf das Thema »Inseln« konzentrieren zu können.

Was ist so faszinierend an Inseln? Der Seefahrer der frühen Zeit hätte auf die Frage vielleicht die Antwort gegeben: sie zu finden. Das ist heute freilich kein Thema mehr, denn alle rund 500.000 Inseln unseres Planeten sind bekannt und vermessen und lassen sich mit den heutigen Navigationsinstrumenten auch problemlos finden. Als wir vor vierzig Jahren im spanischen Golf von Rosas zum ersten Mal mit dem Ziel Mallorca die Segel setzten, war das noch nicht so: Man fuhr da, je nach Wind, ein oder zwei Tage, wenn man den Motor bei anhaltender Flaute nicht einsetzen wollte, auch noch länger in eine Richtung, die außerdem nicht unbedingt die richtige war, da man ja bekanntlich nicht gegen den Wind segeln kann. Nach einem längeren hin- und her-Gekreuze war man als Navigator schon erleichtert, wenn vom Ausguck der Ruf kam: »Land in Sicht!«

Bei sehr kleinen Inseln wie etwa den Columbretes vor der spanischen Ostküste konnte man schon stolz sein, wenn man sie von See kommend auf Anhieb »recht voraus« liegend auftauchen sah. In einem solchen Fall kann man sich auch nicht an Rauch oder anderen Anzeichen für eine Ansiedlung von Menschen, etwa startenden oder landenden Flugzeugen orientieren, denn sie sind unbewohnt. Auch Funkfeuer oder Seezeichen gibt es nicht. Und wenn dann noch Sturm oder gar Nebel im Spiel ist, dann kann man nur abwarten und Tee trinken. Wenn man kann …

Im Unterschied zum Land zeigen Inseln dem Ankömmling in der Regel immer ihre Schokoladenseite, also die Seeseite. Man denke nur, wie scheußlich meist die Bahnhofsgegenden einer Stadt sind, wenn man mit dem Zug ankommt. Dagegen sind Häfen, zumindest in den südlichen Breiten, von denen hier die Rede ist, mindestens interessant, meist sogar ausgesprochen hübsch, sind sie ja oft das der Welt zugewandte Herz der Stadt oder des Örtchens, der Platz, wo sich die Wohlhabenden niedergelassen haben. Slums, wenn es denn welche gibt, liegen nicht am Hafen!

Letztlich ist eine Insel eine in sich abgeschlossene kleine oder auch größere Welt, mit eigenem Charakter, eigener Geschichte, ja sogar eigenen Düften. Und vor allem einer eigenen Bevölkerung, die stolz ist auf ihre Insel.

Nehmen wir Mallorca, die inzwischen als Putzfrauen-Dorado und Ballermann-Domäne verschrien ist. Als wir sie im Anfang der Siebziger Jahre kennenlernten, nannte sie sich die »Isla de la cama«, die Insel der Ruhe. Wer sich die Zeit nimmt, von den hektischen Vergnügungszentren ins Innere zu fahren, kann das auch heute noch erleben. Mallorca hat viele Gesichter, und die meisten sind auch heute noch reizvoll und idyllisch.

Für den Segler stellt sich die Frage: in welcher Richtung soll man die Insel umrunden? Wir haben das fast immer im Uhrzeigersinn getan, vor allem der üblicherweise herrschenden Winde wegen. Kaum hat man die betriebsame Bucht von Palma in Richtung Westen verlassen, fängt hinter dem Millionärsdorf Andraitx die Costa Brava Mallorcas an, die bis Soller weitgehend unzugängliche wilde Küste; auch das vorgelagerte unbewohnte Inselchen Dragonera, die Dracheninsel, bietet keinen Unterschlupf. Ja und Andraitx? Früher malerisch über die verschiedenen Hügel hingestreut, jetzt regelrecht zugepflastert, soll es inzwischen in der an sich recht geräumigen Bucht kaum noch Ankermöglichkeiten geben. Ein Liegeplatz an der Pier am Örtchen, wo wir immer gelegen haben, sei so gut wie nie zu bekommen, so hörten wir kürzlich. Damit ist einer der hübschesten Orte im Südwesten Mallorcas wohl ein für allemal seines Charmes und eben der »cama«, der Ruhe, verlustig gegangen.

Nicht viel besser soll es in Soller sein, dem einzigen Naturhafen an der Nord-West-Küste, wo man bei jedem Wetter guten Unterschlupf und paradiesische Ruhe finden kann oder konnte. Zumindest damals war es uns ein sicherer Ausgangspunkt für Ausflüge mit einem Leihauto nach Valldemossa oder mit der alten Insel-Straßenbahn nach Palma, beides sehr empfehlenswert! Vielleicht auf der Strecke im Kloster Lluch zum Mittag ein köstliches Milchzicklein? Unvergesslich!

Dann die Nordspitze der Insel mit dem hohen Felszug Formentor und der dahinter sich öffnenden großen Bucht, wieder bei fast allen Winden ein sicherer Unterschlupf. Von dort dann vielleicht ein Abstecher nach Menorca? In einer halben Tagesreise sollte man Ciudadela, das »Städtchen« im Westen, erreichen, in dessen Zentrum ein wunderbar geschützter kleiner Hafen Ankerplätze für die Yachties direkt vor einigen Fischlokalen bietet; allerdings sollte man schon am Nachmittag einlaufen, um noch einen davon zu ergattern. Doch Wahrschau vor den sogenannten Seichen, einer Art Mini-Tsunami, der gelegentlich böse Überraschungen bringt und in jedem Hafenhandbuch beschrieben ist.

Auch eine Umrundung Menorcas ist lohnend, vor allem sollte man die sehr eindrucksvolle Stadt, wo die Mayonnaise herstammt, Mahon, gesehen haben. Außerdem gibt es sowohl an der Nordküste (Fornells) und vor allem an der Südküste sehr schöne und sichere Buchten. Gleiches gilt für die Westküste Mallorcas, wenn man auf der Rückreise ist; in allen findet man sichere Liegeplätze, ja aber nur, wenn man früh genug einläuft. Am Abend soll es aber in den Sommermonaten notorisch überfüllt sein.

Besonders beliebt war und ist ein Abstecher zu der Inselgruppe der Ziegen, »Cabrera« im Süden von Mallorca. Die Hauptinsel ist bis auf eine Militärstation unbewohnt, aber der Andrang der Se(e/h)leute hat offenbar solche Ausmaße angenommen, dass man sich jetzt in Palma um eine Besuchserlaubnis bewerben muss, denn es werden nur noch eine bestimmte Anzahl von Booten pro Nacht zugelassen.

Nach dieser kurzen Umrundung, für die man sich unbedingt zwei Wochen (nur Mallorca) oder drei Wochen (mit Menorca) Zeit nehmen sollte, noch einmal der Tipp für eventuelle Nachfolger: Am schönsten ist Mallorca nach unseren Erfahrungen erstens in den Wintermonaten und zweitens im noch weitgehend urtümlichen Inneren, etwa an Markttagen oder zu lokalen Festen. Da ich schon bei Tipps bin: Die mallorquinischen Küche ist herzhaft und schmackhaft bis erlesen, mancher »Vino tinto del pais« einfach vorzüglich. Aber auch einfache »Tapas« haben ihren Reiz!

Und wenn man als Segler oder auch Nichtsegler etwas mehr Zeit hat, bietet Mallorca neben den kulinarischen auch eine Fülle von »kulturarischen« Höhepunkten.

Wenige wissen, dass es noch eine weitere Inselgruppe im Südwesten der Balearen gibt, die Pityusen heißen. Natürlich, die Inseln, die dazu gehören, die kennt man: Ibiza (die Weiße) und Formentera (die Getreideinsel). Von Mallorca ist man allerdings unter Motor einen Tag unterwegs, unter Segeln kann es wesentlich länger dauern, denn im Sommer herrschen südlich von Mallorca in der Regel schwache Winde, wogegen im Norden der Mistral schon einmal recht kräftig einfallen kann. Die Reise ist aber unbedingt empfehlenswert. Wer sie unternehmen will und kann, für den habe ich einen besonderen Tipp: Es ist eine ideale Strecke für eine Nachtfahrt! Man fährt abends in die untergehende Sonne und bekommt morgens bei Sonnenaufgang das Ziel in Sicht. Frühstücken kann man dann in einer der ersten Buchten auf Ibiza.

Sizilien

Viele Jahre waren die Balearen so etwas wie unsere zweite Heimat, was nicht zuletzt auch daran lag, dass wir die spanischen Menschen sehr lieben gelernt haben. Aber dann brach doch wieder die Insel-Sammelwut durch, oder einfach das Gefühl, noch mehr vom *mare nostrum* und seinen Schätzen sehen zu wollen. Also richteten wir im Jahr 1989, dem Jahr des Mauerfalls, den Bug unserer Balimena nach Osten in Richtung Sizilien. Bei der Suche nach einem neuen Liegeplatz waren wir auf eine neue Marina gestoßen: Porto Rosa im Nordosten der Insel. Auch da handelten wir auf gut Glück. Wohl ahnend, dass wir uns da in die Hände der Mafia begeben würden, wagten wir den Schritt und haben es nicht bereut. Der Hafen war sicher, proper und das Geld, das dort angelegt worden war, roch nicht.

Wohl roch aber unser neues Fahrtgebiet teilweise bestialisch, nämlich nach Schwefel. Schon wenn wir mit dem Flugzeug über Sizilien einschwebten, sahen wir die mächtige Rauchfahne des Ätna unter uns, von der wir aber in Porto Rosa unbehelligt blieben, umso mehr, als unsere bevorzugten Ziele weiter im Norden vor Sizilien lagen: die Liparischen Inseln. Doch damit begaben wir uns mitten in vulkanisches Gebiet, und da waren die Düfte im Preis inbegriffen. Vor allem die Inseln Vulcano und Stromboli, aber auch Lipari, Alicudi und Filicudi waren je nach Windrichtung von Schwefeldämpfen umweht. Dazu heiße Quellen im hüfttiefen Wasser, an denen man sich beim Baden die Füße verbrennen konnte, Fumarolen und schneeweiße Berghänge (Bimsstein) sowie eine üppige Fruchtbarkeit, wie sie nur vulkanische Erde hervorbringt, verlockten uns immer wieder zu Törns in dieses noch nicht überlaufene Gebiet.

Nicht minder reizvoll erschienen uns die Äolischen und Ägadischen Inseln, die wir besuchten, und dann natürlich Sizilien selbst mit seinen reichen Schätzen der normannischen und karolingischen Zeit, den wunderbaren romanischen Domen, aber auch den griechischen Tempeln und Theatern. Nicht zu vergessen: Wir kreuzten jetzt überall die Kielspur des »vielbefahrenen Odysseus«, und der weste ja seit meiner Schulzeit sagenumwoben weiter im Hinterkopf. Ihm zu Ehren, oder besser seines Schöpfers Homer, füge ich hier ein paar Hexameter ein, die freilich in einer anderen Gegend entstanden sind, nämlich in den Canaren.

Morgen am Teide

Nenne mir Muse den Berg, den
Beherrscher der sonnigen Insel,
der sich erhebt aus den Fluten des
zeitlos anbrausenden Meeres –
Deutschlands Gebirge und Spitzen
mühelos er überragt sie.
Früh schon am Morgen ihr seht ihn,
wenn es das Wetter zulässt:
Rosenfingrige Eos
umspielt den jungfräulichen Busen,
während Apoll sich schon rüstet, und
einspannt die feurigen Rosse
für seine Fahrt des Triumphes, dem
Sieg über nächtliches Dunkel.
Großmütig schenkt er sein Strahlen
allen, die danach lechzen,
Leben und Kraft daraus schöpfen –
schenkt es ohn' jegliche Rechnung.
Dankbar, ihr lieben Gefährten
erfreut euch des göttlichen Schauspiels!

Malta

Trotz aller Schönheiten zog es uns nach vier Jahren weiter, denn wir hatten uns vorgenommen, auch das östliche Mittelmeer kennenzulernen. Von Sizilien hätten wir eigentlich nur Kurs rechtweisend Ost, am italienischen Stiefel vorbei in Richtung Griechenland absetzen müssen, um bei Korfu die ionische Inselwelt zu erreichen. Aber da lag ja noch ein Menschheitsrätsel nicht weit vom direkten Weg ab, der klassische Knotenpunkt zwischen West und Ost: Malta. Menschheitsrätsel habe ich einen Film genannt, der in den Jahren, die wir unser Schiff dort liegen hatten, entstanden ist. Und in der Tat hat Malta so viel Erstaunliches zu bieten, weit über das Bild einer hübschen Badeinsel hinaus, wie sie heute in allen Katalogen der Tourismusbranche beworben wird.

Und wir hatten ausgiebig Gelegenheit, Malta von allen Seiten kennen zu lernen, denn die Insel hat uns fünf Jahre lang in Atem gehalten.

Das war deutlich mehr, als wir veranschlagt hatten. Aber dafür haben wir sie besser kennengelernt als nur ein kulturhistorisches Kleinod mehr am Rande des Weges. Und wir haben es als Ausgangspunkt benutzt für einen langen Abstecher in die griechisch-römische Vergangenheit mit einem Besuch von Catos »ceterum censeo«, der Reminiszenz aus unserem Latein-Unterricht: Karthago.

Nun, so interessant dieser Abstecher auch war, nach einer Woche Afrika begann sich in der Crew Unlust breit zu machen, die sich mit dem Ausspruch Bahn brach: »Jetzt reicht's mit alten Steinhaufen. Und Teppiche haben wir jetzt auch genug!«

Anders in Malta. Neben der jüngeren Geschichte, an der wir Deutsche mit einem Bombardement von Valetta im zweiten Weltkrieg unrühmlich beteiligt sind, tritt dort eine völlig unbekannte Kultur aus dem Dunkel der Vergangenheit, deren Alter und Herkunft den

Forschern heute noch ein Rätsel sind. Teilweise präsentiert sie sich oberirdisch in Steinzeittempeln, die an Stonehenge erinnern, teilweise aber auch in Höhlen unter den Häusern von Valetta. Die archäologischen Funde, so zum Beispiel von Bären und Elefanten, aber auch Töpfereien und Figurinen, zeugen von einer vermutlich matriarchalischen Kultur und unter anderem von der erstaunlichen Tatsache, dass Malta einmal auf einer Landbrücke zwischen Europa und Afrika gelegen haben muss. In der Frage, wo diese Kultur hingekommen ist, tappen die Fachleute noch völlig im Dunkeln, denn Schriftliches ist nicht erhalten oder gab es vielleicht gar nicht. Ein Besuch der gut dokumentierten Museen in Malta ist für den historisch Interessierten jedenfalls ein absolutes »must«.

Auch Malta glaubt, Spuren von Odysseus aufweisen zu können, doch sind die Höhlen, die angeblich als sein Liebeslager mit Kalypso in Gozo gedient haben sollen, alles andere als überzeugend, von »einladend« gar nicht zu sprechen.

Balimena hatte in und um Malta nicht allzu viele gute Tage. Erst zeigte sich Osmose im Kielbereich, die einen Winter über saniert werden musste, dann brauchte sie einen neuen Motor, weil der alte hoffnungslos »gefressen« hatte (die Kolben festsaßen), und schließlich ging sie am Steg in Valetta beinahe unter, was später beschrieben ist.

Korfu und ionische Inseln

Eigentlich wollten wir ja auch noch die Ägäis kennenlernen. Wir hatten uns die türkische Küste schon einmal per Leihauto angesehen und uns für die Marina Kemer nahe Antalya entschieden, das von deutschen Flughäfen regelmäßig angeflogen wird. Mit diesem Ziel brachen wir also von Malta auf, wollten aber einen Zwischenstopp in Korfu für eine Überwinterung einlegen, bevor es dann durch den Isthmus von Korinth weiter gehen sollte. Doch es kam wieder einmal anders.

Die Überführungsfahrt von Malta nach Korfu verlief im Sommer 1995 programmgemäß. Nach einer letzten Übernachtung in Italien in Santa Maria Leuca setzten wir Kurs ab auf Korfu: 65 Seemeilen. Am Nachmittag kam die erste Insel Griechenlands in Sicht: Mathraki, wo wir ein erstes griechisches Abendmahl zu uns nahmen. Wir, die wir zuletzt von der italienischen Küche verwöhnt worden waren, fanden die griechische erst einmal etwas enttäuschend, zumindest gewöhnungsbedürftig; sie sollte auch nie unsere ganz große Liebe werden. Aber die Landschaft schon! Inseln im Überfluss! Dazu tagsüber leichte Winde, die erst gegen Mittag so richtig in Gang kamen und abends regelmäßig einschliefen, jedenfalls bei dem im Sommer weitgehend garantierten guten Wetter; Gewitter allerdings nicht ausgeschlossen.

In der Marina Gouvia im Westen der Stadt Kerkyra (Korfu) fanden wir auch ein tolles Winterquartier für Balimena, mit noch viel Platz, aber in rasantem Ausbau begriffen. Trotz meiner Altgriechisch-Kenntnisse konnten wir uns nicht verständigen, aber mit Englisch ging eigentlich immer etwas. Und Korfu als Insel und als Stadt hat uns so begeistert, dass die Weiterfahrt im nächsten Jahr erst einmal auf die lange Bank geschoben wurde. Noch eine Saison in der ionischen Inselwelt sollte schon sein! Doch diese erste Entscheidung barg schon den Keim für weitere in sich und läutete so auch das Ende unserer Träume vom östlichen Mittelmeer ein: Ein für unsere Bedürfnisse perfektes Segel-Revier hatte dem anderen Traum von noch mehr Inseln den Rang abgelaufen.

Dies bedarf vielleicht einer Erklärung: Marianne und ich waren inzwischen so um die Mitte der Sechzig. Hartes Segeln war nicht mehr wirklich gefragt, wobei natürlich vor allem Mariannes Handicap zunehmend mehr ins Gewicht fiel. Und die ionische Inselwelt bot uns genau das, was wir noch eine Weile bewältigen zu können glaubten: kurze Distanzen, viele sichere Buchten und Ankerplätze und selten mehr als vier Beaufort Wind.

Was war es, das uns an der ionischen See und ihren sieben großen und vielen kleinen Inseln so anzog? Ich bin geneigt, es dem Gesamt-Kunstwerk »ideale Ferien« zuzuschreiben, ein treffenderer Begriff fällt mir nicht ein.

Dieses begann schon mit der Anreise. Als Pensionäre hatten wir endlich das, was das ganze Leben Mangelware gewesen war: Zeit, das kostbarste Gut. So düsten wir nicht in zwei Stunden im Jet nach Korfu, nein, wir nahmen uns dafür zwei Tage Zeit, stiegen in München in unser Auto, fuhren damit über die Tauern-Autobahn durch eine großartige Landschaft bis Venedig, wo wir sofort griechischen Boden in Gestalt einer luxuriösen Auto-Fähre betraten und fürstlich verwöhnt von den Kellnern, die uns langsam schon kannten, eine Nacht und einen Tag verbrachten, um dann etwa dreißig Stunden später weitgehend stressfrei unser Ziel Korfu zu erreichen, wo wir mit unserem Wagen dann bis vor unser Schiff fahren konnten. Bei diesem gemächlichen Tempo hatte auch die Seele keinen Timelag zu fürchten. Und da wir dann meist zwei oder gar drei Monate bleiben konnten, kam auch danach kein Zeitdruck auf, wir hatten ja meist keine festen Pläne. Irgendwann kamen dann Freunde oder Kinder und wir segelten sozusagen auf Zuruf zu alten oder auch neuen Zielen, sei es eine der zahlreichen Buchten in der Nähe, mit jeweils gutem Fischlokal, versteht sich, sei es zu unserer Lieblingsbucht Lacca auf Paxos, mit traumhaftem türkisfarbenen Wasser a la Südsee, oder eine Tagesdistanz weiter nach Levkas, von da weiter zur Odysseus-Insel Ithaka und nach Kephallinia, vielleicht gar bis nach Zakynthos. Alle haben sie ihre Reize, auch die vielen Fischerhäfen am griechischen Festland, zu dem man ja immer engen Kontakt hat. Ich glaube, es ist schwer, sich nicht in diese schöne Inselwelt zu verlieben, und oft wird einem die Wahl schwer, wohin man seinen Bug richten soll.

Allerdings: Segler kommen oft mangels Wind nicht so richtig auf ihre Kosten, und auch in unserer Schiffsführung schlichen sich so manche Schlampereien ein; was soll man auch ein Logbuch führen und in der Seekarte navigieren, wenn man ständig in Land- oder Inselsicht manövriert? Leider muss ich zudem bekennen, dass auch kein Film mehr entstanden ist. Und: Es gab keinen Männertörn mehr! Wir segelten jetzt gemischt …

Übrigens will ich auch ausdrücklich darauf hinweisen, dass Korfu und die anderen Perlen der ionischen See nicht nur ein Dorado für Segler sind. Allein die Altstadt von Korfu ist ein beglückendes Erlebnis, nicht weniger eine Autofahrt über die Berge und an die vielen, oft noch fast menschenleeren Strände. Ich kenne Strecken, wo man alle paar hundert Meter anhalten möchte, um den neuen, noch schöneren Blick zu genießen. Da ist es kein Wunder, dass die Kaiserin Sissi dort so gern gelebt hat und auch Kaiser Wilhelm nicht von seinem Lieblingssitz mit dem Blick auf die im Meer versinkende Sonne lassen wollte. Du wirst es hoffentlich spüren, lieber Leser, dass da kein Reise-Katalog-Schreiber am Werk ist, sondern ein »afficionado«, wie die Spanier sagen – wie man in Griechenland einen begeisterten Liebhaber nennt, weiß ich leider nicht.

8. Kapitel

Havarien

Die Liste der Havarien, von denen meine verschiedenen Schiffe betroffen wurden, ist ellenlang, ich könnte ein eigenes Buch darüber schreiben. Und je größer das Schiff, je komplizierter die Technik, desto mehr geht auch kaputt. Einerseits liegt das an der bekannten Tatsache, dass jedes Fahrzeug und jede Maschine dann besonders schnell altern, wenn sie nicht benutzt werden. Korrosion ist der größte Feind an Bord, und sie ist überall und ständig in Aktion. Die Korrosion einer simplen Schraube, die eigentlich aus NIRO (nichtrostender Edelstahl) hätte sein müssen, es aber nicht war, hat um ein Haar den Totalverlust meiner Balimena zur Folge gehabt.

Balimena lag damals in Malta, in der Obhut eines angesehenen Servicebetriebes.

Eines Tages bekam ich in meinem Büro in München einen Anruf von Peter L.F., dem Chef dieses Betriebes, aus Malta mit der Mitteilung, dass mein Schiff am Steg-Liegeplatz im Hafen gerade untergehe; man habe mehrere starke Pumpen im Einsatz, könne aber noch nicht sagen, ob sie den noch unbekannten Wassereinbruch bewältigen könnten und das Schiff zu retten sei. Glücklicherweise konnte es soweit leer gepumpt werden, dass sich Peter auf die Suche nach dem Leck machen konnte. Nach langem Suchen fand er die Ursache, eben die erwähnte, einfach weg korrodierte Ablassschraube im Bugstrahlrudergehäuse. Durch die fingerdicke Öffnung sprudelte es zwar nur wie aus einem kleinen Wasserhahn, aber ausreichend, um auch ein großes, unbesetztes Schiff langsam zu füllen. Der kleine Anlass verursachte Schäden und Folgeschäden von etwa 30.000,- €, so einen neuen Motor, Batterien, Waschmaschine, Tiefkühlschrank usw..

So viel zur Korrosion.

Es sei aber nicht verschwiegen, dass manchmal auch eigener Leichtsinn und Schlamperei die Ursache für Havarien waren.

Auch dafür ein Beispiel:

Bei einem Männertörn um die Liparischen Inseln riss auf Balimena der Keilriemen am Motor. Zunächst kein Drama, denn ein Ersatzkeilriemen war an Bord. Doch der ließ sich nicht aufziehen, weil die ebenfalls durch Keilriemen angetriebene Hydraulikanlage so an den Motor gekoppelt war, dass ein Aufziehen des Lichtmaschinen-Keilriemens nur möglich war, wenn man vorher die ganze Hydraulik entfernt hatte. Das war mit Bordmitteln nicht machbar. Ein eindeutiger Fehler schon bei der Installation beim Hersteller, der bisher aber noch nicht aufgefallen war.

Was tun? Ich flocht aus drei Millimeter starken Enden aus Kunstfaser einen offenen Ersatz-Keilriemen, den ich erst zusammensteckte, als der Riemen schon auf den Scheiben lag, eine Arbeit, die ich nicht einmal einem Strafgefangenen zumuten möchte. Aber es gelang und der Motor lief wieder. So weit, so gut. In meinem Triumph, es geschafft zu haben, machte ich den Fehler, den Törn nicht sofort abzubrechen und für eine dauerhafte und fachmännische Reparatur zu sorgen. Und natürlich passierte, was passieren musste. Mein »Patent« brach auch noch zweimal. Selbst dann gab ich die Trickserei noch nicht auf, denn inzwischen war die zweite Crew zur Ablösung gekommen, der wir telefonisch aufgetragen hatten, Damenstrümpfe (Nylons) mitzubringen, und die wurden erfolgreich zum Keilriemen degradiert. Wieder an Land organisierte ich einen zusammensteckbaren Patent-Keilriemen und meinte, es werde bis zum Abschluss des Törns schon gehen.

Es ging auch tatsächlich eine Weile, aber damit handelte ich mir schließlich doch noch einen massiven Kolbenfresser ein, bei dem Schiff und Mannschaft sogar in Gefahr gerieten; ich musste ein starkes Fischerboot zu Hilfe rufen, das uns bei in der Nacht aufkommendem auflandigem Wind aus einer Bucht vor Gozo, in der wir geankert hatten, herausschleppte.

Was für ein Leichtsinn!, wird nun so mancher Skipper sagen. Und ich kann nicht widersprechen, es war schlicht eine Fehleinschätzung in der Hoffnung, es werde schon gut gehen.

Allerdings ist zu bedenken, dass der Spruch: »Hilf dir selbst, so hilft dir Gott« an Bord bzw. auf See oft die einzige Rettung ist. In hundert anderen Fällen haben wir tatsächlich mit Bordmitteln und einer gut gefüllten Werkzeugkiste so manche prekäre Lage in den Griff bekommen, vom Bruch des Bowdenzugs zur Schaltung des Getriebes bis zur Reparatur des festsitzenden Anlassers und noch manch anderes mehr.

Zwei besonders aufregende und folgenschwere Havarien habe ich schon vor langer Zeit für eine Segel-Zeitschrift ausführlich beschrieben; sie sind allerdings nie erschienen, vermutlich weil sie zu lang oder auch zu haarsträubend sind. Aber auch sie sind kein »Seemannsgarn«, sondern wirklich so passiert.

Schwarz ist die Nacht und grau ist alle Theorie.

Tom Doolys Havarie im Sommer 1982

Zu dem in allen Segelkursen vermittelten seemännischen Grundwissen gehört ein Kapitel über das »Festkommen auf Grund«. Aus verständlichen Gründen kann es nur in der Theorie abgehandelt werden, und es ist die Frage, was die Theorie in der Praxis wert ist, wenn es einmal drauf ankommt. Wie wenig das sein kann, mussten wir in einer rabenschwarzen Nacht mit unserer *Tom Dooly III* im Sommer 1982 vor Espalmador erleben.

Es sollte ein ganz geruhsamer, fauler Sommertörn werden. Wir freuten uns aufs Baden und Surfen in einer der schönen, stillen Buchten, mit denen die Balearen so reich gesegnet sind.

Bei unserer Ausfahrt von unserem damaligen Heimathafen Real Club Nautico in Palma de Mallorca trauten wir unseren Augen kaum: Knapp eine Seemeile vor der Hafeneinfahrt lag die »CIUDAD DE SEVILLA« samt ihrer Fracht von hundert oder mehr Pkws und Lkws auf den Felsen. Die große Auto-Fähre war erst ein Jahr vorher in Dienst gestellt worden. Wie kann man nur, so fragten wir uns, ein mit modernster Technik ausgestattetes Schiff bei klarer Sicht und nur leichtem Wind kurz vor dem Hafen auf die Rockies setzen?

Später hörten wir, dass es auch hier die Verkettung unglücklicher Umstände gewesen ist, die zu der Strandung führte: totaler Stromausfall und gleichzeitiger Defekt der Notstromanlage – und ohne Strom ist so ein Kasten dann offenbar absolut hilflos, nicht einmal die Rettungsboote konnten ausgesetzt werden!

Wir dachten jedenfalls nicht im Entferntesten daran, dass uns Ähnliches passieren könnte, aber: Hochmut kommt vor dem Fall.

Die Überfahrt von Mallorca nach Ibiza und weiter nach Formentera ist eine bessere Kaffeefahrt und geriet mangels Wind zur reinen Fahrt unter Motor, was uns ganz recht war, denn dann waren die Batterien für die Tage und Nächte in der Bucht schön voll und ein kaltes Bier garantiert. Unser Ziel war Espalmador, eine Formentera vorgelagerte kleine Insel. Im *Neumann* heißt es: *»Puerto El Espalmador ist einer der schönsten Ankerplätze der Balearen, vielleicht des ganzen Mittelmeeres«* und *»sehr einsam ist es; selten ankern mehr als 5 oder 10 Yachten hier.«* Aber offenbar bedeutet die Beschreibung einer schönen, einsamen Bucht zugleich das Ende ihrer Einsamkeit. Als wir gegen Mittag dort ankamen, war die Bucht praktisch schon wegen Überfüllung geschlossen. Es gab kaum Platz genug, um zwischen den ankernden Schiffen hindurch zu fahren, geschweige denn, selbst noch ausreichend Platz zum

Ankern zu finden. Selbst entlang der lang gestreckten Küste bis nach La Sabina, dem Hafen von Formentera, lagen schon zahlreiche Schiffe, von der kleinen Fahrtenyacht bis zum großen Dreimaster, dazwischen Motoryachten jeder Größe und Lautstärke. Am liebsten wären wir diesem Stachus der See so schnell wie möglich wieder entflohen, aber da wir Freunde in Formentera besuchen wollten, warfen wir eben auch unseren Anker bei einer Wassertiefe von 4 bis 5 Metern in den weißen Sand, etwa eine Seemeile vom Hafen entfernt. 25 Meter Kette, darauf ein 5 Kilo Ankerreitgewicht, und das bei leichtem östlichen, d.h. ablandigem Wind, das war fast schon überdimensioniert, aber lieber zu vorsichtig und dafür später dann eine ruhige Nacht. Bei unserem ersten Tauchgang ergab die obligatorische Ankerkontrolle: alles bestens. Das Wetter war schön, etwas schwül, die Tagesbrise allerdings etwas unregelmäßiger als sonst, das Barometer stand seit Tagen unverändert auf »Sommer-Hoch«.

So fuhren wir mit der Familie mit dem Beiboot in den Hafen La Sabina, um unsere Freunde zum Abendessen zu besuchen. Von den um uns herum ankernden Schiffen war der größere Teil gegen Abend aufgebrochen, so etwa 10 bis 12 wollten wie wir über Nacht vor Anker liegen bleiben.

Der Höllentanz begann gegen 22 Uhr ohne ersichtliche Ankündigung. Der Sturm kam aus West, unser Schiff lag also jetzt auf Legerwall; wie mussten es so schnell wie irgend möglich erreichen und aus der Gefahr bringen. Doch schon in dem damals noch kleinen Hafen herrschte ein so starkes Gedränge, dass es uns unmöglich schien, mit dem Beiboot überhaupt aus dem Gewühl heraus zu kommen. Wir, das waren mein Freund und Mitsegler Thomas N. und ich, fuhren mit dem VW unserer Freunde die kleine Straße entlang der Küste in Richtung Espalmador. Da draußen in der Dunkelheit musste irgendwo Tom Dooly liegen. Tatsächlich gab es nur noch drei oder vier Schiffe, von denen eines an dem Ankerlicht auf dem Besanmast als Zweimaster zu erkennen war. Ohne lang zu überlegen warfen wir uns in die Wellen und schwammen wie um unser Leben, um zu unserem Schiff zu kommen; glücklicherweise war die Badeleiter abgeklappt, so dass wir aufentern konnten. Ich stürzte zum Steuerstand, drehte den Schlüssel, um den Motor anzulassen, aber es rührte sich nichts, und das Verhängnis nahm seinen Lauf. Blitzkontrolle: Motorbatterie ist eingeschaltet, die Ladekontrolllampe brennt. Bodenbretter auf, vielleicht dreht der Anlasser, wenn er ein paar Hammerschläge bekommt. Kein Erfolg. Und plötzlich nehme ich wahr, dass Tom Dooly nicht mehr wie bisher schwer in den Wellen stampft, sondern quer zum Wind auf die Küste zutreibt. »Thomas, bring schnell den zweiten Anker aus!«

Was war passiert? Wie sich später herausstellte, war die Kette bei dem ungeheuren Zug über die Rolle der Ankerwinsch trotz festgezogener Bremse ausgerauscht; die relativ dünne Leine, mit der das Kettenende im Kasten befestigt ist, hielt dem Druck nicht stand; es war ja auch eine Sollbruchstelle. Ergebnis: Der Hauptanker mit 70 Meter Kette ist verloren. Unsere Chancen schwinden schnell. Nur der Motor könnte uns noch retten. Ich habe inzwischen verzweifelt jeden Anschluss überprüft, aber nichts gefunden. Da fällt mir der alte Trick ein: Die Anschlussklemmen am Anlasser überbrücken! Meine Idee fällt mit der ersten Grundberührung von Tom Dooly zusammen, zwar noch verhältnismäßig sanft, aber doch der Auftakt zum Ende.

Doch noch einmal kommt Hoffnung auf: Als ich mit dem Hammer die beiden Pole überbrücke, dreht der Anlasser und der Motor springt an.

Inzwischen verrichten die immer höher gewordenen Wellen ihr tödliches Vernichtungswerk, in dem sie Tom Dooly immer weiter auf die Felsbarre heben und immer brutaler darauf niederschmettern. Da der Bug des Schiffes zum Land gerichtet ist, können wir die Motorkraft nur rückwärts einsetzen, und auch das nur, wenn die nächste Welle das Schiff für einen Moment aufschwimmen lässt. Der Kampf ist aussichtslos, auch wenn wir es nicht wahrhaben wollen. Schwerste Stöße erschüttern Rumpf und Rigg und gehen uns durch Mark und Bein. Wie lang wird das Rigg den Erschütterungen noch standhalten, wie lang wird es dauern, bis wir den ersten Wassereinbruch haben?

Thomas hantiert immer noch mit dem Zweitanker, den er halb über, halb unter Wasser über die Felsen krabbelnd ein Stück weit hinausgeschleppt und in einer Felsspalte verhakt hat. Über die Genuawisch holen wir gemeinsam die ausgebrachte Leine ein, sie kommt steif und der Bug von Tom Dooly kommt zentimeterweise herum, oder bilden wir uns das nur ein? Und dann wieder das Unfassbare: Die Leine kommt plötzlich ganz leicht ein, an ihrem Ende hängt nur noch der Ankerschaft, der Bolzen zwischen Schaft und Pflug ist um neunzig Grad verbogen. So ist auch unser Zweitanker dahin.

Was jetzt? Rot schießen? Ich kann mich nicht dazu entschließen. In Lebensgefahr sind wir nicht, denn fünfzig Meter hinter der Felsbarre ist weicher Sand. Vielleicht heben die Seen unser Schiff sogar über die Felsen hinweg bis zum Strand? Etwas in mir wehrt sich verzweifelt gegen den Gedanken an das endgültige Aus. Ich beginne mit dem Schiff zu sprechen: *Jetzt zeig, wie stark du bist, dass du deinen Namen (ENDURANCE = Ausdauer) verdienst ...*

Aber die Tatsachen sprechen gegen diese fast kindische Hoffnung, denn plötzlich dreht auch noch das Steuerrad leer durch, wir sind ohne Ruder, und schließlich frisst sich die Schraube irgendwo fest – vielleicht ist es am Ruder – und der Motor stirbt. Jetzt gibt es nichts mehr zu tun, wir können nur noch auf das Ende warten.

In der stockdunklen Nacht nehmen wir zum ersten Mal wahr, dass wir nicht die einzigen Havaristen sind. Da und dort deutet das aufgeregte Hin und Her von Lampen und Stimmen auf ähnlich dramatische Situationen hin, doch das ist nur ein sehr kleiner Trost. Mitternacht ist längst vorüber. Der Wind hat schon seit einiger Zeit deutlich nachgelassen und dreht zunehmend auf Nord, weht also inzwischen fast parallel zum Ufer. Ist da doch noch eine kleine Chance?

Seite an Seite im Wasser stehend drücken wir gegen den Bug unseres Schiffes, um es vielleicht doch noch etwas drehen zu können. Im verbissenen Kampf gegen die nach wie vor aus Westen anrennenden Wellen gelingt es uns tatsächlich, den Steven, auf dem jetzt kein Winddruck steht, durch den Wind zu bringen. Wir setzen die Genua und holen sie back. Langsam kommt Tom Dooly weiter herum. Obwohl das Schiff bis zu den Kajütaufbauten im Wasser liegt, setzen wir auch noch das Großsegel und schließlich sogar noch den Spi – und das Wunder geschieht: Mit extremer Lage schiebt sich Tom Dooly zentimeterweise über die Felsen in Richtung offene See, knirschend und rumpelnd gewinnt sie mit jedem durchlaufenden Wellenberg ein kleines Stückchen Boden. Und mit einem Mal gibt es keine hässlichen Erschütterungen mehr: Wir schwimmen wieder!!!

Wir können es kaum fassen. Aber zum Jubeln bleibt keine Zeit.

Zunächst müssen wir uns frei segeln, und das ohne Ruder im Schiff. Nachdem der Spi geborgen ist, lässt sich Tom Dooly ganz gut am Wind halten, nur das Wenden ist ein Problem, denn das Schiff hält seinen Kurs am Wind und reagiert kaum auf Veränderungen in der Segelstellung. Erst als wir Genua und Großsegel gegen Fock und Besan austauschen, gelingen auch die Wenden.

Wir sollten ein Notruder bauen, aber beide sind wir völlig erschöpft. Bis zum Tagesanbruch wollen wir uns irgendwie durchschwindeln. Im Augenblick irritiert uns besonders, dass bei jeder heftigeren Schiffsbewegung ein undefinierbares Polter-Geräusch im Bereich des Besanmastes auftritt. Nach einiger Zeit haben wir die Ursache gefunden: Die im Masttopp montierte Peilantenne wackelt bedenklich hin und her. Wenn das Ding herunterkommt, kann es einem den Schädel einschlagen. Ich ziehe es vor, den Ausguck vom Vorschiff aus zu halten; Thomas schläft bereits wie ein Stein in seiner Koje.

Auch dieser bösen Nacht folgt ein neuer Morgen. Bei wieder auf sechs Beaufort auffrischendem Wind fällt die Entscheidung schwer, wohin wir unser havariertes Schiff bringen sollen. In jedem Fall möchten wir noch einmal in die Nähe von La Sabina, um unserer Familie wenigstens ein Lebenszeichen zukommen lassen zu können (Wie gut wäre jetzt ein Handy, aber die gab es damals noch nicht!) Außerdem wollen wir die Schäden an Rumpf und Ruder genauer inspizieren, um besser über die notwendigen Maßnahmen entscheiden zu können.

Die Küste, an der sich das nächtliche Drama abgespielt hat, ist jetzt leergefegt; lediglich drei oder vier Wracks, die es noch schlimmer erwischt hat als uns, zeugen davon, dass das Ganze kein Albtraum war.

Wir haben noch einen kleinen Klappanker, der zwar unser Schiff nicht halten kann, mit dem wir aber wenigstens die Abdrift vermindern können, um etwas länger Zeit für einen Tauchgang zu haben. Die Inspektion ergibt, dass unser Unterwasserschiff ziemlich zerschrammt ist, aber wohl keine ernstlichen Schäden aufweist, dass das Ruder aus seiner Verankerung gerissen, der Schaft verbogen und die Drehflügelschraube geborsten ist.

Provisorisch müssten diese Schäden vielleicht sogar mit Bordmitteln zu beheben sein. Voraussetzung: wir müssen einen sicheren Liegeplatz im Hafen finden. Wie aber ohne Ruder und Motor in den Hafen kommen, wie ohne Anker ankern?

Inzwischen sind wir trotz des kleinen Klappankers ein ganzes Stück abgetrieben und liegen jetzt eine knappe halbe Seemeile vor der Hafeneinfahrt. Verblüfft stellen wir fest, dass sich unsere Position nun nicht mehr verändert. Bei einer Tiefe von ca. acht Metern sollte der kleine Anker die 12 Tonnen unseres Schiffes bei sechs Windstärken halten? Das gibt es doch gar nicht! Doch er hält, denn er hat sich im Unterwasserkabel, mit dem die Insel mit Strom versorgt wird, verfangen; und er hält so gut, dass wir ihn überhaupt nicht mehr frei bekommen. So bleiben wir eben liegen, wo wir liegen, auch wenn uns die von Ibiza kommende Fähre wütend antutet.

Kurze Zeit später erscheint Stephan mit dem Beiboot und der guten Nachricht, dass er beim Tauchen im Hafen eine verlassene Muring mit schwerer Kette entdeckt habe. Wir schicken ihn mit dem Auftrag wieder zurück, einen kräftigen Festmacher in die

Kette einzuscheren und daran einen dicken Fender zu binden. Zuvor zieht er uns mit dem Beiboot ein Stück gegen den Wind, sodass wir unseren Klappanker unter dem Seekabel herausziehen können, er ist schließlich unser einziger! Mit unserem inzwischen recht gut funktionierenden Fock-Besansegel-Steuersystem steuern wir in den Hafen und erreichen prompt die vorbereitete Fenderboje, wo wir für die nächsten Tage einen guten und sicheren Liegeplatz haben.

In Formentera gibt es keine Werft, wir sind also auf uns selbst gestellt. Das größte Problem ist die Reparatur des Ruders, das doch arg zerzaust ist. Um es reparieren zu können, muss es unter Wasser abgebaut werden, und das ist ein hartes Stück Arbeit, das wir ohne die phänomenalen Tauchkünste von Freund Ulf sicher nicht bewältigt hätten. Dann galt es, den verbogenen Metallschaft des Ruders wieder gerade zu richten, wozu eine große Presse erforderlich wäre. Nach verschiedenen Versuchen finden wir in einer Autowerkstatt eine Presse und der Schaft ist fast wieder gerade. Aber es fehlt noch das Ende des Ruderschafts, das in dem unteren Lager am Kiel, das auf Spanisch Tintero, also Tintenfass, heißt und in dem das Ruder frei drehen kann. Doch zum Glück haben wir alle wichtigen Dinge an Bord: Glasfasermatten, Kunstharz und Werkzeuge aller Art. Als Ersatz für das verlorene Schaftstück verwenden wir ein Stück des Beibootpaddels, das kunstgerecht eingesetzt und unter Mithilfe der ganzen Familie sorgfältig einlaminiert wird.

Nicht mehr zu reparieren war die Drehflügelschraube. Aber dank Joaquin, meinem spanischen Segelfreund, und seiner Weitsicht, hatten wir ja noch die Originalschraube in der Bilge, mit der Tom Dooly ursprünglich geliefert worden war. So war die Reparatur nicht einmal besonders schwierig; schwierig war erst das Einsetzen des Ruders in den Koker unter Wasser. Mehrere Stunden harter Arbeit, dann war auch das geschafft.

Dazwischen gab es immer wieder Aufregung im Hafen. Das Wetter war unbeständig geworden. Immer wieder suchten Yachten

Schutz im Hafen vor dem auflandigen kräftigen Nordwest. Auch ein Teil der Fischerbootflotte von Alicante lief ein und vertäute sich in mehreren »Päckchen«. Doch der erwartete Sturm blieb diesmal aus. Aber auch die durchstehenden sechs Beaufort reichten aus, dass eine wunderschöne Trewes 44, *Jan Broer* aus Holland, beinahe gestrandet wäre. Die Besatzung war mit dem Beiboot an Land gefahren. Plötzlich wildes Geschrei im Hafen: *Jan Broer* trieb ab, zwischen den ankernden Schiffen hindurch in Richtung Rockies. Niemand tat etwas. Kurz entschlossen fuhren Stephan und ich mit unserem Beiboot hin, enterten über die Badeleiter auf und konnten, nachdem es uns gelungen war, den Motor zu starten, das Schiff vor Schaden bewahren.

Unser Schiff war nach vier Tagen wieder fahrtüchtig. Aus Bordmitteln konnten wir aus der Notpinne sogar eine einigermaßen zufriedenstellend arbeitende Selbststeuerungsanlage per Seilzug konstruieren, mit der wir die Rückfahrt nach Palma ohne weitere Zwischenfälle bewältigten.

Mit dem geruhsamen Faulenzertörn war es zwar nichts geworden, dafür werden die Erlebnisse dieser Reise sicher unvergessen bleiben. Unsere Tochter Nicola, damals sechzehn Jahre alt, meinte anerkennend: endlich mal »richtig action«.

Bei allem sind wir auch ein bisschen stolz, dass wir uns aus eigener Kraft immer wieder helfen konnten. Natürlich wissen wir aber auch ganz genau, dass wir im entscheidenden Moment einfach Glück gehabt haben.

So betrachteten wir die immer noch auf den Felsen vor dem Hafen von Palma liegende »CIUDAD DE SEVILLA« jetzt mit anderen Augen und ohne jede Spur von Hochmut. Denn wir haben gelernt:

Sieger über die Natur bleibt der Mensch immer nur in der Theorie. In der Praxis aber gehört oft eine gehörige Portion Glück dazu.

»Immer ganz ruhig bleiben!«

Die Hochs und Tiefs eines Sardinientörns

Pfingsten 1983. Alle sprachen von der Energiekrise – wir nicht, bzw. vorläufig noch nicht. Wie immer in dieser Zeit stand wieder ein Männertörn an; und weil wir von unserem Heimathafen Palma aus eine etwas größere Distanz ins Visier genommen hatten, war auch ein Anschlusstörn geplant mit einer zweiten, diesmal gemischten Crew. Das Ziel war Sardinien und die Straße von Bonifacio, der Crewwechsel sollte in Bonifacio stattfinden. Alles war bis ins Detail geplant, aber die Energiekrise hatten wir nicht auf der Rechnung.

Sie zeigte sich schon in der ersten Nacht bei der Überfahrt von Palma/Mallorca nach Mahon/Menorca, wo trotz häufigen Motorens das Bordnetz immer schwächer wurde. Dass eine drei Jahre alte Blei-Batterie ihren Dienst einstellt, ist zwar sicher schon öfter vorgekommen, dass aber der Generator nicht lud, war schon weit bedenklicher.

In Mahon war schnell eine neue Batterie beschafft, und nach dem Abklemmen einer erst vor kurzem eingebauten »Spezialschaltung«, die dafür sorgen sollte, dass die jeweils schwächere Batterie Vorrang bei dem Ladevorgang haben sollte, funktionierte das Laden wieder einwandfrei. Was wieder einmal die Richtigkeit des Satzes beweist: je mehr Technik, desto mehr Fehlerquellen.

Von Mahon nach Cabo Caccia an der Westküste von Sardinien sind es genau 200 Seemeilen. Bei gutem Wetter müsste das mit unserer ENDURANCE 35 in etwa 40 Stunden zu schaffen sein.

Das Wetter und auch die Stimmung an Bord waren bestens. Bei dem letzten Wachwechsel um Mitternacht hatten wir die Hälfte der Strecke bereits hinter uns gebracht. Mit Einbruch der Nacht war zwar schon der Wind eingeschlafen und mit ihm auch unser sportlicher Ehrgeiz. Wie schön, dass unser 4-Zylinder Perkins so leise und gleichmäßig schnurrte und die Selbststeuerungsanlage so unbeirrt ihren Kurs hielt. So konnte die Hundewache sich auf dem Vorschiff ganz auf das fantastische Schauspiel konzentrieren, das die unermüdlich um unser Schiff herumtollenden Delphine boten. Doch der Zauber sollte in wenigen Minuten verflogen sein …

Skipper schlafen bekanntlich nur mit einem Ohr. So bin ich auch sofort hellwach, als der Motor etwas langsamer dreht. Ein Blick auf das Armaturenbrett: Der Öldruck steht bei null! Bevor ich das Gas weggenommen, ausgekuppelt und den Dekompressionshebel erwischt habe, ist der Motor bereits von selbst gestorben.

Schon beim Wegnehmen der Bodenbretter bestätigt sich meine Befürchtung: Der Motorraum ist voll von schwarzem Motoröl, es ist überall, nur nicht da, wo es hingehört – der Peilstab bleibt absolut trocken. Es riecht durchdringend brenzlig.

Da ist vorläufig nicht viel zu machen. Erst mal Öl nachfüllen, abkühlen lassen und warten.

»Wache an Deck, Segel setzen!«

Rasmus meint es gut mit uns. Er schickt eine den ganzen Tag durchstehende kräftige Backstagsbrise, sodass wir den Motor kaum vermissen. Wir haben wohl auch einfach Hemmungen, uns die letzte Gewissheit zu verschaffen. Erst gegen Abend, als Cabo Caccia – wie es sich gehört: recht voraus – in Sicht ist, mache ich noch einen Versuch, aber das trockene Klack des Anlassers zeigt die Aussichtslosigkeit unseres Bemühens.

Die Einfahrt in einen unbekannten Hafen bei Nacht ohne Motor ist sicher ein seglerischer Leckerbissen, aber bei dem flauen Gefühl im Magen hätten wir gern darauf verzichtet. Natürlich hatten wir den *»Denham«,* das Hafenhandbuch, gründlich studiert, nach dessen Angaben der Hafen sehr flach ist und außerdem noch vorgelagerte Untiefen zu beachten sind. Und dann geht der letzte Teil des zu steuernden Kurses auch noch genau gegen den Wind. Von den drei angegebenen Richtfeuern können wir nur eines mit Sicherheit ausmachen, die beiden anderen sind von tausend anderen roten, grünen und gelben Lichtern der Stadt verschluckt.

Die Ämter sind verteilt: ein Mann am Anker, der jederzeit zum Fallen bereit liegt; ein Mann am Echolot, der alle zehn Sekunden die Tiefen aus singt; zwei Mann an den Fallen von Genua und Groß; ein Mann strategische Reserve, zugleich Bedienung des Handscheinwerfers. Die Losung heißt: immer ganz ruhig bleiben, auch wenn das Herz fast zerspringt.

Mit guter Fahrt runden wir die nicht befeuerte Außenmole und hoffen, mit unserem Schwung die letzten 80 Meter bis ins Hafeninnere zu kommen. Die Genua fällt, doch eine Bö kommt spitz von vorne und wir treiben auf den Molenkopf zu. »Zwei Meter fünfzig!« Die Stimme des Manns am Echolot ist schrill geworden, von Singen kann keine Rede mehr sein. Runter mit dem Groß, hoch mit der Genua, klar zur Halse. Mit Hilfe der Genua schaffen wir die Halse gerade noch, bevor sich unser Bugspriet in die Hafenmauer bohrt. Also wieder hinaus in die Nacht.

Doch der zweite Anlauf klappt, per Beiboot können wir eine Leine an Land bringen und an der nicht voll belegten Fischerpier festmachen.

Na denn: ein Hoch auf »Tom Dooly« und seine ganze Mannschaft. Das können wir wider Erwarten sogar noch nach ein Uhr in einer Garagen-Gaststätte zelebrieren, und Fisch und Wein schmecken so gut wie selten. Ein Hoch auch auf die stets dienstbereite italienische Gastronomie!

Damit ging es uns schon einmal wesentlich besser, aber die Energiekrise unseres Schiffes bestand in vollem Umfang weiter.

Die Kunde vom »motore rotto« verbreitete sich in Windeseile in dem kleinen Städtchen. Am nächsten Morgen kam der von unserem Ristorante-Wirt mobilisierte Mechaniker von selbst ans Schiff. Nachdem er sich das trockene Klack des Anlassers ein paar Mal angehört hatte und vergeblich an der Kurbelwelle zu drehen versuchte, steht seine Diagnose fest: sechs Wochen Reparatur, dann könnten wir wieder auslaufen. Damit war die Diskussion auch schon beendet und der Mechaniker ging achselzuckend wieder fort.

In einer Mannschaftsbesprechung rechnen wir: Neun Tage hatten wir Zeit bis zum Abflug von Palma nach München. Das müsste allemal reichen für die Rückfahrt nach Palma, auch ohne Motor. Waren wir nicht eigentlich zu einem Segeltörn gestartet? Das würden wir jetzt eben einmal sehr wörtlich nehmen müssen. Unseren schönen Plan mit Besuch von Porto Cervo, La Maddalena, von Bonifacio, dem verabredeten Treffpunkt mit der zweiten Crew können wir nach Lage der Dinge ohnehin vergessen. Also nach Deutschland telefonieren und den zweiten Törn absagen, dann für sechs Männer mal drei Mahlzeiten mal acht Tage einkaufen und so schnell wie möglich wieder starten.

Aber schon das Telefonieren gerät zur sportlichen Aufgabe. Zellen gibt es zwar genügend, aber sie nehmen nur »getoni«. Um ein etwas längeres Gespräch mit der Heimat zu führen, muss man schon in Las Vegas trainiert haben, um zwei Hände voll von diesen Münzen schnell genug in den Schlitz zu bugsieren. Also marschieren wir zur Post. Doch dort ist offenbar Rentenauszahlungstag. Wir wühlen uns durch die Menge, um festzustellen, dass es bei der Post gar keine Telefone gibt. Gegenüber ist ein Hotel. Dort verweist man uns an das Fremdenverkehrsamt. Auch dort kann man nicht telefonieren, aber man beschreibt uns ein »Cafe Dolce«, an dem man sein Gespräch an der Kasse zahlen könne. Tatsächlich finden wir dort fünf Zellen. Für Gespräche nach Deutschland werden wir von der Frau an der Kasse auf die beiden vorderen Zellen am Eingang verwiesen, *»le due«*, sagt sie. Die erste ist frei, das Ziel scheint ganz nahe. Nach einer guten halben Stunde resignieren wir. Obwohl wir zu zweit wie die Weltmeister die 14stellige

Nummer gewählt haben, kommen wir nicht durch. Außerdem wollen ja auch noch andere telefonieren. Als wir schließlich unsere Zelle für den Nächsten freimachen, winkt dieser freundlich ab, er wolle ins Ausland telefonieren und warte auf »numero due«. Da fällt dann auch bei uns der Groschen …

Zurückgekehrt von unserer letztlich doch noch erfolgreichen Mission hängt so etwas wie Meuterei in der Luft. Der Rest der Crew meint, man solle doch noch einen Versuch machen, es sei doch am Morgen von einem Austauschmotor die Rede gewesen, den irgendjemand zufällig besäße.

In der Überzeugung, dass es einen derartigen Zufall gar nicht geben könne, ausgerechnet in diesem Nest einen baugleichen, vertrauenerweckenden und dazu noch bezahlbaren Austauschmotor zu bekommen, lasse ich mich zu einem Versuch überreden. Also machen wir uns auf die Suche: Energiekrise, zweiter Teil.

Dabei erfahren wir, dass es in Alghero einen zweiten Mechaniker für Schiffsmotoren gibt, der noch dazu auf Perkins spezialisiert sei. Fünf Minuten später ist er auch schon da: Gaetano aus Neapel.

Schon die ersten Handgriffe am Motor lassen den Fachmann erkennen. Und er glaubt, den Motor in fünf Tagen reparieren zu können, er müsse *nur* aus dem Schiff geholt und in seine Werkstatt gebracht werden.

Vielleicht ist unsere Segelleidenschaft angesichts möglicher mehrtägiger Flauten doch nicht so grenzenlos, jedenfalls akzeptiere ich sein Angebot und auch den Preis von 900.000,- Lire. Die telefonische Stornierung der zweiten Crew wird wieder storniert und der Riesen-Einkauf in ein der neuen Hoffnung angemessenes Abendessen umgewandelt.

War unser Alghero-Abenteuer schon bis hier her eine fast filmreife Tragik-Komödie, so sollte sich das Ganze noch zum »grande theatro« entwickeln, in dem wir bald zu Nebenfiguren degradiert wurden.

Am nächsten Morgen manövrieren wir unser Schiff mit Hilfe des Beiboots in den sehr flachen Segelhafen hinüber, in dem sich der einzige Kran befindet. Das Schiff wird vermessen, denn was in den Papieren steht, ist den Italienern von Hause aus suspekt, vermessen des Motors und der Dachluke, großes Palaver, am Kopf kratzen und letztendlich ein kategorisches »Nein« des Kranführers.

Ein Autokran muss her, sagt Gaetano, der das Kommando übernommen hat, einer der mit seinem Ausleger durch den Niedergang hereinfahren und den Motor an den Haken nehmen kann. Und Gaetano besorgt ihn. Doch auch das scheitert, sein Ausleger ist um zwei Meter zu kurz! Der Tag ist gelaufen, die Hoffnung auf dem Nullpunkt. Doch Gaetano gibt nicht auf; am nächsten Tag, es ist dann Samstag, will er einen größeren organisieren.

Alles ist vorbereitet. »Tom Dooly« liegt in dem bestgeschützten Winkel des Hafens an der Fischerpier, der Salon ist ausgeräumt, der Motor aus der Verankerung gelöst. Und der Kran kommt tatsächlich. Und sein Kran ist durch ein Stück Eisenbahnschiene verlängerbar, trotzdem noch einen halben Meter zu kurz; den müssen wir eben durch Muskelkraft überbrücken, meint Gaetano.

Unter reger Anteilnahme der Bevölkerung kann die »Operation Motor« beginnen. Unter den vielen neugierigen Blicken ist auch ein verschmitzt lächelnder, und der gehört zu dem Zöllner, der sich unter das Volk gemischt hat. Gaetano muss diesen Blick im Rücken gespürt haben, denn plötzlich bricht er die Arbeit ab und verschwindet mit Ulf, unserem Dolmetscher, und unseren Schiffspapieren, in dem nahen Dogana-Gebäude. Nach etwa zwei Stunden, in denen die Zeit weitertickt, aber sonst nichts geschieht, überlegen wir schon, ob wir das Gebäude stürmen sollen, um die beiden wieder heraus zu hauen.

Aber wie sich hinterher herausstellte bestand kein Grund zur Unruhe: alles ganz normal. Denn vor der Zollabfertigung brauchen wir das Costituto, da wir ja aus dem Ausland kommen. Also zur Hafenkommandantur. Barzahlung wird jedoch nicht angenommen, die Gebühr muss auf dem Postweg überwiesen werden. Ab zur Post, zurück zur Kommandantur, dann zum Zoll. Doch für die amtliche Zollerklärung ist auch ein amtliches Papier vorgeschrieben, das aber erst in einem Schreibwarengeschäft besorgt werden muss. Schließlich bemühen sich sage und schreibe vier Personen beim Zoll, das notwendige Papier per Zwei-Finger-Selbstsuchsystem auf der Schreibmaschine auszufertigen.

Jetzt fehlt nur noch die Unterschrift der Finanzpolizei, die zum Glück im gleichen Haus sitzt und freundlicherweise auch noch auf diesen Schlussakt des Dramas gewartet hat, obwohl sie längst Dienstschluss gehabt hätte.

Das Stück Papier ist dann aber auch ein richtiges Prachtstück, mit vielen Unterschriften und lustvoll hin gedonnerten Stempeln. Unser Zöllner, dem wir nach den zwei Stunden das Dokument vorweisen, gesteht lächelnd, dass er nur darauf gewartet habe, dass unser Motor italienischen Boden berührt hätte, um ihn dann sofort beschlagnahmen zu können.

Ja, vor Dieben hatte man uns in Sardinien gewarnt, nicht aber vor Zöllnern!

Damit war unser Motor aber noch immer im Schiff. Dem Kranführer war das lange Warten offenbar auch zu viel geworden, jedenfalls war er verschwunden. Der Nachmittag verlief dann recht abwechslungsreich: mal war der Kran da, mal Gaetano, leider nie beide gleichzeitig. Irgendwann müssen sie sich bei diesem Versteckspiel doch getroffen haben, denn sie kamen gemeinsam, und das am späten Samstagabend, wo bei uns längst niemand mehr eine Hand gerührt hätte.

Hoffen und Bangen halten sich die Waage. Der Motor hängt schon am Haken, wir versuchen im Verein mit Gaetano mit Seilen zu erreichen, dass der fehlende halbe Meter des Auslegers möglichst langsam und vorsichtig überbrückt wird. Genau in diesem Moment erschüttert ein lauter Knall den Hafen. Die Ursache ist eine Sprengung, mit der die Fahrwasserrinne erweitert werden soll. Doch der Knall ist erst der Vorbote für einige große Wellen, die Tom Dooly heftig zum Schaukeln bringen und deretwegen wir alle Hände voll, richtiger: mit vollem Körpereinsatz zu tun haben, um den frei schwebenden Motor zu bändigen. Einige Macken im Niedergang sind trotzdem nicht zu vermeiden und werden uns immer an das Drama von Alghero erinnern.

Dass unser Motor dann schließlich doch draußen ist, kein Finger abgequetscht oder noch schlimmere Blessuren an Schiff und Mannschaft aufgetreten sind, erscheint fast wie ein Wunder.

Es dauert noch sechs Tage, bis der Motor wieder eingebaut ist, mit neuen Lagern, Kolbenringen, eingeschliffenen Ventilen und einer weitgehend erneuerten Einspritzpumpe. Dazwischen liegen mehrere Fahrten nach Sassari, dazwischen liegt der Crewwechsel, dazwischen auch einige fröhliche Erlebnisse wie die Erstkommunion von Gaetanos Tochter oder die Cavalcata, ein heiteres und farbenfrohes Fest der sardischen Hirten in Sassari.

Mit Gaetano verbindet uns zuletzt eine richtige Freundschaft. Für sieben volle Tage Arbeit, oft bis in den späten Abend bleibt er bei dem vereinbarten Preis von 900.000,- Lire, während der Kranführer für das Herausholen und Einsetzen des Motors jeweils 100.000,- Lire verlangt.

Doch damit liegt die Serie der Hochs und Tiefs noch nicht hinter uns. Jetzt ist es ein kräftiges Mittelmeertief, das uns Ärger bereitet. Der Wetterbericht verkündet 6 bis 7 Windstärken und ein »sehr erregtes Meer«. Die Fischerflotte ist schon seit Tagen im Hafen und ein auslaufbereiter Frachter überlegt es sich wieder anders und bleibt im Hafen. Uns aber läuft die Zeit davon, denn am Samstag müssen wir in Palma sein. Also laufen wir am Dienstagmorgen aus, nordseemäßig verpackt.

Nach Passieren des Cabo Caccia erfasst uns die volle Wucht der Seen, die sich seit Tagen, aus Nord kommend, im freien Seeraum aufgebaut haben und jetzt gut sechs Meter hoch sind. Ein gigantischer Anblick für gute Nerven! Doch die sind bald nicht mehr die besten und die »sehr erregte See« zeigt ihre Wirkung bei dem größten Teil der Mannschaft. Apathie beginnt sich an Bord breitzumachen. Der Wind legt auf sieben Beaufort zu, der Wetterbericht war also korrekt. Das Groß ist bereits gerefft, aber auch die Genua muss gegen die kleine Fock ausgetauscht werden.

Schön angeleint schwinge ich mich in den Fahrstuhl, sprich Bugkorb, um das Segel zu bergen. Fast habe ich es schon unter Kontrolle, da rast der Fahrstuhl besonders weit in die Tiefe, die überkommende See schmettert in das Tuch und reißt es aus den Lieken. Bei der Volldusche für mich fällt es mir gar nicht so schwer, bei diesem neuen Tiefschlag kühles Blut zu bewahren; das Ölzeug ist der Wasserflut einfach nicht gewachsen. Nun, bei diesem Wind hätten wir den Lappen doch nicht fahren können, und dass es bald weniger werden würde, danach sah es wirklich nicht aus. Baumfock und gerefftes Groß ist schon das Maximum an Tuch, das Tom Dooly tragen kann. Damit aber haben wir eine indiskutable Abdrift; statt des zu steuernden Kurses von 265 Grad können wir knapp 240 Grad halten, dazu kommt noch eine geschätzte Abdrift von 20 bis 30 Grad. Damit kommen wir nach Tunis, aber nicht nach Palma. So nehmen wir den Motor zu Hilfe, aber auch dann machen wir nur 3 Seemeilen in der Stunde. Die großen Wellen sind meist harmloser, als sie aussehen; nur wenn sie direkt in Luv brechen, kommt grünes Wasser reichlich an Deck. Unangenehmer sind die kleinen, kurzen Wellen, denn das Schiff stampft sich in ihnen fest und kommt fast zum Stehen. Trotzdem, nach sechs Stunden liegen 23 Seemeilen hinter uns und Sardinien ist längst in Dunst und Wolken verschwunden.

Obwohl wir ja nun einschlägige Erfahrung haben, übersehen wir wieder ein entscheidendes Warnzeichen. Ein Blick auf die Instrumententafel im Abstand von 2 bis 3 Minuten reicht einfach nicht aus bei einer sich im Minutenbereich abspielenden dramatischen Entwicklung. So ist es wieder das Langsamerwerden der Maschine, das uns aufmerksam macht. Sofort Motor aus, erst dann die Instrumenten-Kontrolle: Das Kühlwasserthermometer steht rechts auf Anschlag! Nach Öffnung der Bodenbretter ist zunächst überhaupt nichts zu sehen. Weißer, beißender Qualm erfüllt sofort das Schiff. Nur ganz ruhig bleiben, den Ventilator anstellen, abwarten und schnell an die frische Luft.

Etwas später, als sich der Qualm verzogen hat, arbeite ich dann doch wieder kopfüber an der Maschine, was bei der Schaukelei auch meine Magennerven auf eine harte Probe stellt. Schnell stelle ich fest, dass das Gummi-Anschlussstück zwischen Süß- und Salzwasserkühler durch den Schlauchbinder abgeklemmt und gebrochen ist.

Mit Basteln ist da nichts zu machen, nicht bei dem Seegang. Ein Ersatzstück ist auch nicht an Bord. Wenig später habe ich mich zu der Entscheidung durchgerungen: Wir kehren um, was die seekranke Mannschaft mit Erleichterung zur Kenntnis nimmt.

Vier Stunden später legen wir wieder unter Segeln in Alghero an, diesmal mit einem perfekten Manöver. Noch am Abend ersetzt Gaetano das Schlauchstück, sodass wir am Mittwochmorgen einen letzten Versuch starten können.

Windstärke und -richtung haben sich nicht verändert und der Seegang ist noch imposanter geworden. Überall zeigen sich jetzt minutenlang die smaragdgrünen Flecken, wenn sich große Seen gebrochen haben. Dafür geht es der Mannschaft heute viel besser, das grandiose Schauspiel scheint sie abzulenken. Gegen Abend kommt sogar wieder Appetit auf. In der Nacht nehmen wir den Klüver weg und fahren mit Motor und unter Einsatz der Selbststeuerungsanlage; das gereffte Groß bleibt zur Stabilisierung des Schiffes stehen. Die Schauer, die noch am Tag über uns weggezogen sind, haben aufgehört, und jetzt hetzen nur noch einige weiße Wolkenfetzen über den Vollmondhimmel: eine wilde Szenerie, die ich und meine Crew nie vergessen werden.

Am Donnerstag lassen gegen Mittag Wind und Seegang deutlich nach, was eine Gelegenheit bietet, das verstopfte Pumpklo zu reparieren. Am Abend ist das Mittelmeer so, wie wir es üblicherweise kennen: blau und leicht bewegt. Im Gebiet der Balearen war von dem Mistral, der sich zwischen dem Golf du Lion und Sardinien bis nach Sizilien ausgetobt hat, offenbar nicht viel zu spüren, was übrigens recht häufig vorkommen soll.

Gegen Mitternacht müssten nach unserer Koppel-Navigation die Leuchtfeuer von Menorca in Sicht kommen, doch so sehr wir auch starren, sie kommen nicht! Per Funkpeiler stellen wir fest, dass wir deutlich zu weit nach Süden abgekommen sind, die Abdrift also noch größer war, als wir vermutet hatten. Also Kursänderung nach Norden. Und tatsächlich stellt sich bald ein Landbewohner an Bord ein, eine kleine Schwalbe, die sich erschöpft in Gerlindes Schafsack verkriecht, der gerade frei ist.

In Mahon wird am Morgen noch einmal getankt und Öl aufgefüllt, denn ein neu eingeschliffener Motor säuft am Anfang ganz erheblich!

Und dann geht es auf die letzte Etappe nach Palma, wo wir dann am Samstagmorgen an unserem Liegeplatz festmachen.

In meinem Bericht, den ich über diesen Sardinientörn, zwei oder drei Jahre später, geschrieben habe, finden sich abschließend noch ein Dutzend Hinweise auf die damaligen Verhältnisse in Alghero, so unter anderem, dass es keine sanitären Anlagen im Hafen gibt. Den dabei Gewesenen wird die morgendliche Not sicher noch in »schlechter« Erinnerung sein, aber dieses und auch anderes ist sicher heute längst überholt. Auch mein Hinweis, dass man unbedingt eine akustische Warnanlage im Schiff haben sollte, hat sich inzwischen wohl weitgehend erledigt.

Nicht aber mein »ceterum censeo«:

Immer ganz ruhig bleiben,
(auch wenn es nicht immer ganz einfach ist).

Nun, bisher ist letztlich doch immer alles gut gegangen, zumindest, was uns selbst betrifft. Ein besonders schlimmes Erlebnis möchte ich meinen Lesern aber doch nicht vorenthalten, weil es auch besonders lehrreich ist.

Feuer an Bord

Es passierte in Malta, genauer: im Seglerhafen »Lazaretto creek«, dem westlichen großen Hafenbecken von Valetta. Dort liegen an beiden Ufern eines vielleicht achtzig Meter breiten Meeresarms Seite an Seite große Yachten und auch kleinere Fahrgastschiffe, wie sie vor allem für Sightseeing- und Hafen-Rundfahrten eingesetzt werden, und zwar frei ankernd. Auch wir hatten uns mit unserer Balimena dort einen Platz gesucht, weil wir von dort nicht weit zu Zoll und Hafenbehörde hatten, die wir am nächsten Morgen zum Ausklarieren aufsuchen wollten. Ein schöner, warmer Tag ging zu Ende. Wir hatten vor, den lauen Abend an Bord zu verbringen und vor der großartigen Kulisse von Valetta noch einen Drink zu nehmen.

Plötzlich gab es einen lauten Knall, ähnlich einem Kanonenschuss, und unmittelbar darauf schrie eine männliche Stimme mit höchster Lautstärke um Hilfe; Worte waren nicht zu verstehen, aber uns allen war klar, dass da jemand in höchster Todesangst schwebte; diesen Schrei werde ich mein Leben lang nicht vergessen. Zur selben Zeit sahen wir, dass uns gegenüber am anderen Ufer eines der Fahrgastschiffe in hellen Flammen stand. Offenbar hatte eine gewaltige Explosion das ganze Schiff in eine Feuersäule verwandelt. Guido L., ein erfahrener und mutiger Bergwachtmann aus meiner Crew, meinte, wir sollten mit unserem Gummibeiboot hinüber fahren und versuchen, irgendwie Hilfe zu bringen, aber eigentlich war klar, dass da nichts mehr zu machen sei. Viel mehr bestand die große Gefahr, dass das Feuer auch auf die benachbarten Boote übergreifen könne. Jedenfalls war mir die Gefahr zu groß und ich blieb untätig auf unserem Vorschiff sitzen. Tatsächlich hörten wir kurz darauf einen neuen Schrei auf Deutsch, »habe Feuer an Bord«, von einem Segelboot, das offenbar neben dem Havaristen gelegen und seine Leinen gelöst hatte und jetzt in der Mitte des Fahrwassers trieb. Bevor wir diesem Landsmann zu Hilfe kommen konnten, hatte dieser aber die Flammen auf seinem Schiff löschen können und fuhr in Richtung Hafenausfahrt. Das andere Schiff, das man inzwischen auch vom Ufer abgestoßen hatte, brannte weiter lichterloh, vielleicht fünfzig Meter von uns entfernt; Funken und Ascheteilchen wehten zu uns herüber. Erst nach langer Zeit, ich schätze, dass inzwischen gut eine halbe Stunde vergangen war, schob sich in Zeitlupentempo ein riesiges Feuerlöschschiff in die schmale Einfahrtsrinne und eröffnete dann aus zwei starken Rohren seine Wasserfontänen. Es dauerte aber über eine Stunde, bis auf dem inzwischen ausgeglühten Stahlrumpf, der von dem Fahrgastschiff noch übrig war, die Flammen in sich zusammen fielen.

Später hörten wir, dass die Ursache für die Explosion und das Feuer Gasdämpfe gewesen seien, die sich bei Lötarbeiten im Kielbereich des Havaristen gesammelt hätten. Mein Servicemann in Malta hatte aber eine plausiblere Version von der Unglücksursache: Mord. Ein Rivale habe seinen Gegner gezielt mit einer Bombe aus dem Weg räumen wollen, als der sein Schiff betrat, was ihm auch gelungen sei. Ob die Wahrheit je ans Licht gekommen ist, weiß ich nicht, da wir bald darauf Malta verlassen haben.

Ich berichte von diesem schrecklichen Ereignis aber vor allem deshalb, weil uns zweimal Ähnliches passiert ist, zum Glück nur beinahe.

Einmal, er war noch ganz am Anfang unserer Segelabenteuer, als wir mit unserem Neptun auf dem Bodensee schipperten, setzte übergelaufener Spiritus unseren zweiflammigen Kocher samt dem darüber hängenden Vorhang in Brand und ich konnte die Situation gerade noch dadurch retten, dass ich den brennenden Kochherd kurz entschlossen durch den Niedergang hinaus in die Plicht beförderte. Zurück blieb, außer einem gehörigen Schrecken, nur eine hässliche Brandspur, wo vorher die Vorhangschiene gewesen war, aber keine weiteren Verbrennungen bei mir oder meiner Crew.

Das andere Mal hatte unser Sohn Stephan im Motorraum von Balimena die Dieselölpumpe der Bordheizung ausgetauscht. Auch da haben sich wohl durch ausgetretenen Dieselkraftstoff Dämpfe gebildet und entzündet. Außer Stephan war niemand an Bord, aber der hat wohl Blut und Wasser geschwitzt, bis er mit einigen Eimern Wasser den Brand in der Bilge löschen konnte. Das Ganze hatte sich im Sporthafen Santa Ponsa auf Mallorca ereignet und ich darf gar nicht weiterdenken, was in dem dicht belegten Hafen hätte passieren können, wenn es Stephan nicht gelungen wäre, das Feuer unter Kontrolle zu bringen.

Übrigens hatten wir in beiden Fällen Feuerlöscher an Bord, aber als Skipper sollte man auch ihren Gebrauch »im Schlaf« beherrschen, denn Zeit zum Gebrauchsanweisung-Lesen hat man im Notfall meist nicht. Dies aber wird bei den Kursen zum Führerscheinerwerb nicht gelehrt.

In jedem Fall also: höchste Vorsicht mit offenem Feuer an Bord, auch wenn es in der Regel ringsherum jede Menge Wasser gibt!

9. Kapitel: Unter dem Strich

Wenn ich so die dreißig Jahre »Blauwassersegeln« überblicke, jetzt, nachdem wir schon fast neun Jahre Abstand zu diesem Abschnitt unseres Lebens auf dem Wasser haben, fällt es mir schwer, einen verbalen Schlussstrich darunter zu ziehen. Der Abschied ist uns nicht wirklich schwer gefallen, denn die Zeit war reif: »Segelsatt« ist vielleicht ein einigermaßen treffendes Wort. Ich stellte fest, dass jedes Auslaufen aus dem Hafen, vor allem wenn ich mit Marianne allein auf dem riesigen Schiff war, immer stärker mit Bedenken begleitet war, ob wir die unbekannten vor uns liegenden Herausforderungen noch gut bewältigen könnten. Was, wenn Marianne bei stärkerem Seegang wieder stürzen sollte und sich eine Rippe, wie es ja schon zwei Mal passiert war, oder sonst etwas brechen sollte? Ich, der ich das Ruder kaum verlassen könnte, würde ihr ja wenig helfen können. Wir waren darauf angewiesen, dass nichts passieren würde, ja dass noch nicht einmal etwas stärkerer Wind aufkommen würde, dass der Anker immer hielt, dass der Motor immer zuverlässig anspringen würde und so fort. Was so alles passieren kann, haben wir ja selbst zur Genüge erlebt. Insofern war die Freude, die wir erwarten durften, doch auch sehr mit Sorge gepaart. Der »Held« der Geschichte war überdies zu einem alten, bedächtigen Mann geworden, der nach seiner Herzoperation auch selbst mit einer gesundheitlichen Hypothek unterwegs war.

Als dann aus heiterem Himmel und ohne jeden äußeren Anlass Marianne im Hafen von Korfu auf dem Achterdeck unserer Balimena stürzte und sich einen Oberschenkelhalsbruch zuzog, war der Hinweis deutlich: Unser Leben auf dem Wasser war nicht mehr verantwortbar. Ein halbes Jahr später haben wir unsere Balimena an einen Engländer verkauft, der wie wir das schöne Rentner-Dasein mit seiner Frau in griechischen Gewässern genießen wollte, im Unterschied zu uns diese Jahre aber noch vor sich hatte. Wir haben es ihnen beim Abschied jedenfalls von Herzen gewünscht.

Eine Weile hatten wir noch Kontakt, doch ging der dann verloren. Vor etwa einem Jahr hörte ich, dass Balimena von einem Engländer in griechischen Gewässern zum Verkauf angeboten werde. Demnach hätten sie sieben oder acht Jahre mit Balimena gelebt und hoffentlich viel Freude daran gehabt.

Für uns liegt die Zeit inzwischen schon so weit zurück, dass wir nicht in Versuchung kamen, die Spur aus purem Interesse noch einmal aufzunehmen.

Alles im Leben hat seine Zeit, so auch das Segeln: Es hat uns reich gemacht, aber jetzt ist seine Zeit eben vorbei. Wir können das mit leichtem Herzen akzeptieren.

Vor unserem wunderschön eingewachsenen Garten in der neuen Heimat Bernried liegt, man könnte sagen: als erster Vorläufer vor dem dahinter aufsteigenden Gebirge ein weitgeschwungener Wiesenhügel, der uns manchmal an eine mächtige Mittelmeerwelle erinnert.

Aber wir sind sehr froh, dass diese Welle dort draußen liegen bleibt und wir keine Sorge mehr um Schiff, Anker oder gar Leben zu haben brauchen. So können wir wie ehedem in Steinebach das täglich wechselnde Schauspiel der Wetterentwicklung am Himmel beobachten, uns ruhig zurücklehnen und uns dankbar an den Schönheiten unseres neuen Paradieses erfreuen.

Mehr, Meer, Mär …

Bleibt vielleicht noch die Frage: Was hat es mir gebracht, das Segeln?

Diese Frage ist nicht mit einem Satz zu beantworten, denn wenn ich darüber nachdenke, kommen mir immer mehr gedankliche und semantische Assoziationen in den Sinn; das will auch schon die Überschrift dieses Kapitels andeuten.

Für die Anwort will ich eine ganz besondere Werkzeugkiste zu Hilfe ziehen: die Archetypen-Kiste. (Aber keine Angst, es kommt jetzt kein tiefenpsychologischer Exkurs.)

Seit ich auf eigenen Beinen stehen kann, entwickelte ich eine Leidenschaft zum »Häusle-Bauen«, vielleicht ein Vermächtnis meiner schwäbischen Eltern. Immer war ich darauf erpicht, mir eine kleine Behausung zu bauen: aus Zweigen und Ästen, aus Kartons und Kisten, aus Decken und Planen. Also der Archetypus: »der Macher«.

Ich war selig, wenn ich in ein Zelt kriechen konnte oder eben auch aus einem Boot und einer Persenning ein solches bauen konnte. Da konnte dann der Regen darauf prasseln, so viel er wollte, ich fand es urgemütlich.

Dazu kommt noch ein weiterer Archetypus, den ich einem Märchen entlehne. Eines meiner liebsten Märchen war *»Der kleine Häwelmann«* von Theodor Storm. Für den Fall, dass du das Märchen nicht kennst, sei sein Inhalt kurz erzählt:

Der kleine Häwelmann ist ein Junge, der nicht gut einschlafen kann und sich aus seinem Roll-Bettchen eine Art Segelboot baut, indem er eines seiner Beinchen in die Höhe streckt und daran sein Nachthemd als Segel auf spannt. Dann bläst er seine Backen auf und fährt in die Welt hinaus. Der Mond, der zum Fenster hereinlugt, leuchtet ihm dabei, und so lernt Häwelmann die Welt kennen.

Doch als er schon kreuz und quer über den Himmel braust, gehen der Mond und mit ihm die Sterne unter und der kleine Junge ist in der Dunkelheit hilflos. Als dann die Sonne aufgeht, endet das Märchen sehr plötzlich, denn die Sonne wirft ihn ziemlich brutal ins Meer. Das Schlüsselwort zu dem Märchen steckt in dem, was Häwelmann ständig ruft: er will mehr, mehr, mehr!

So, wie alle Menschen immer mehr wollen, um am Ende dann mehr oder minder brutal abzustürzen.

Nebenbei: Als mir in dem riesigen Krankenhaus Großhadern in München vor einigen Jahren ein Herzschrittmacher eingesetzt wurde und ich wie die meisten Patienten dort ebenfalls mit einem Rollbett herumgefahren wurde, fiel mir das Märchen wieder ein und ich sah sie alle durch die Gänge rollen, die Häwelmänner und -Frauen, und rufen: noch mehr Leben, mehr, mehr! Eine sehr makabre, aber auch komische Vorstellung, die einem über so manche Beklemmung hinweg helfen kann.

Der Häwelmann ist wohl auch mein Archetyp, so sehe ich es jedenfalls. Hinter meiner Leidenschaft für das Segeln und dem Wunsch nach mehr Meer steckt letztlich die Sehnsucht nach Leben. Sicher, man kann das Segeln auch als Sport ansehen, als Freizeitbeschäftigung, als Hobby und Abenteuer, aber für mich ist es viel mehr: Es ist mit allem, was dazu gehört und darin Platz hat, ein großartiges Stück Leben, mit allem, was es schön, spannend und reich macht. Ich jedenfalls habe ihm unendlich viel zu verdanken.

Und auch dir, lieber Leser, möchte ich herzlich dafür danken, dass du mich so weit begleitet hast. Ich nehme das als ein Zeichen dafür, dass es dir Spaß gemacht hat, dieses Leben auf dem Wasser. Zum Dank dafür möchte ich Dir meinen Tipp ans Herz legen:
Wenn es dir irgendwie möglich ist, dann lass dir dieses wundervolle Stück Leben nicht entgehen und genieße es in vollen Zügen. Ich wünsche dir viel Glück dazu und das auch noch einmal in der Seg-

lersprache:

Mast- und Schotbruch!

Hier nun noch die Ballade des »Eins O« als Abgesang auf unser Leben auf dem Wasser.

The Captain and the Gang…

Captain Manfried, wir waren dein Spülmanns-Zug
und werden's fürder nicht sein.
Aus der Kombüse bis achtern trug
der Wind unsere Lieder fein.
Captain Manfried, unsere Lieder sind ehrlich und rau,
legten wir doch unsere Seele darein.
Dieser Teil unsres Lebens ist der einer Frau!
Die Spül-Gang wird wohl nicht mehr sein.

Captain Manfried, wir waren dein Spülmanns-Zug,
zogen stets in die Focksel ein.
Bis Afrika »Balimena« uns trug.
Sie wird unvergessen sein …!
Stolz standen wir einst bei dir an Deck,
legten Hand an, wie du uns gesagt,
vom Klüverbaum bis hin ans Heck:
Der Spülmannszug hat nie gezagt.

Captain Manfried, von der Saling, wo er stand,
ist dein Stander niedergegangen.
»Balimena« wird von anderer Hand
jetzt Kurs und Richtung empfangen.
Eine neue Crew steht nun an Deck,
vom Schiff willig aufgenommen.
Doch auch, wenn ein neuer Name am Heck:
Der Klabauter ist mitgekommen!

Oh, Captain, steht die Sonn' im Zenit,
fliegen alle Schotten offen ...
und überall huschen Schatten mit,
die auf Campari hoffen ...
Wenn dann im Nadir das helle Gestirn
und Mitternacht hat's geklungen...
ist Klabauter mit dem Spülmanns-Zug
längst in die Kombüse gedrungen.

Knallkrebse unterm Schiff rumoren.
Tönt nicht auch andres in den Ohren?
Klingt's aus der Pantry nicht deutlich genug
als werkelte hier der Spülmanns-Zug?
Führt nicht Klabauter Aufsicht dort
an jenem Seifenwasser-Ort?
Der Nachtwind durch die Stimmen rauscht.
Deutlich hört man, wenn man lauscht:

Captain Limey, so wispert der hohle Chor,
du wirst mit uns leben können.
Auf Schiffen kommt stets Unerklärliches vor.
Und »Balimena« wird es uns gönnen.
Wir kommen als Schatten so dann und wann,
sind einfach an Bord geblieben.
Von manchem braven Fahrensmann
ist ein Stück Herz hier geblieben.

Captain Limey, wir waren der Spülmanns-Zug,
von Skipper und Capitanetta,
bekommen von Schiffen niemals genug:
wir bleiben – und finden's nett da!
Und wenn der Klabauter sich zu uns gesellt
dann kann's bei Mondlicht geschehen,
dass sich Manfrieds Schatten zu uns stellt.
Wer ein Herz hat kann uns dann sehen…

Captain Manfried, »Balimena« zieht ihre Bahn.
Solche Schiffe gehn weite Wege.
Wir mustern gern wieder bei dir an,
bist du auch weiterhin rege.
Denn wir waren stets gern dein Spülmanns-Zug
auf Kursen, die du geschrieben,
bekommen vom Fahren niemals genug.
Unser Herz ist auf See geblieben.

Ob nun Flaute lastet oder Wind pfeift und greint,
unsre Lieder schall'n fein, manchmal rau
aus Männerkehlen, zum Spülen vereint
weit übers Wasser so blau.
Und kommen viel andere Schiffe daher
so ist das allein nicht genug!
Wir wollen mit Captain Manfried fahr'n!
Das sagt dir dein Spülmanns-Zug!!!

Verfasst nach dem Abmustern von Bord der »Balimena« als seelischer Befreiungsschlag und als Liebeserklärung an ein schönes Schiff und die »gute alte Zeit«.

T.N. im September 2004.
Der Spülmannszug bestand aus Thomas Nagel und Ulf Meyer.